W0311899

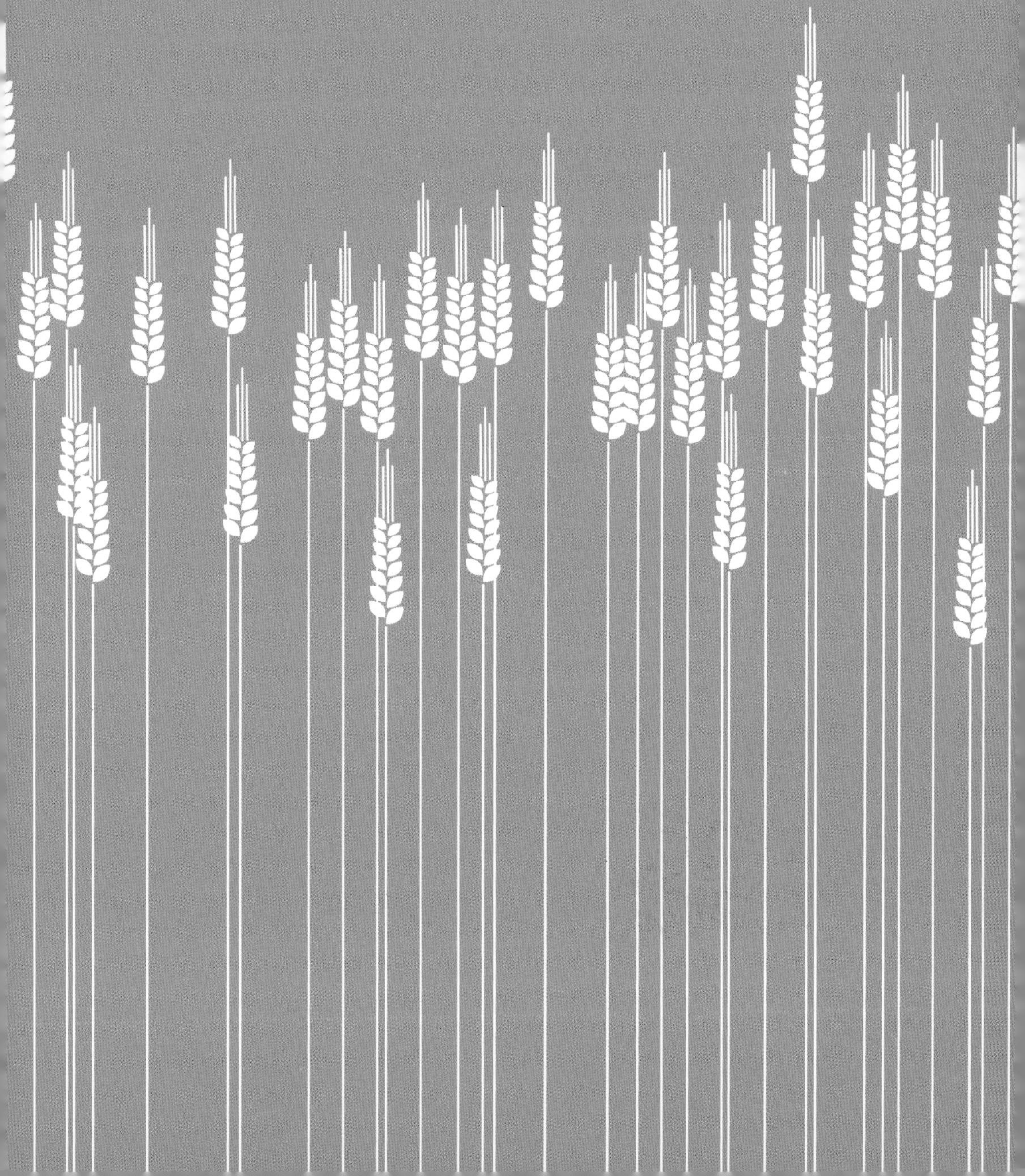

DAS GEHT AUF!

Markus Wagner

Süßes aus Hefeteig

Das geht auf!

Jan Thorbecke Verlag

VERLAGSGRUPPE PATMOS

PATMOS
ESCHBACH
GRÜNEWALD
THORBECKE
SCHWABEN

Die Verlagsgruppe
mit Sinn für das Leben

MIX
Papier aus verantwortungsvollen Quellen
FSC® C004592
FSC www.fsc.org

Für die Schwabenverlag AG ist Nachhaltigkeit ein wichtiger Maßstab ihres Handelns. Wir achten daher auf den Einsatz umweltschonender Ressourcen und Materialien.

Alle Rechte vorbehalten
© 2016 Jan Thorbecke Verlag der Schwabenverlag AG, Ostfildern
www.thorbecke.de

Umschlaggestaltung: Finken & Bumiller, Stuttgart
Umschlagabbildung und Gestaltung: Markus Wagner, Stuttgart
Satz und Repro: Schwabenverlag AG, Ostfildern
Druck: Firmengruppe APPL, Wemding
Hergestellt in Deutschland
ISBN 978-3-7995-0628-1 (Print)
ISBN 978-3-7995-1086-8 (eBook)

Inhalt

Einleitung

Backen ist meine Leidenschaft, und das Backen mit Hefeteig hat es mir besonders angetan. In diesem Buch stelle ich Ihnen all die süßen Leckereien aus Hefeteig vor, die ich gerne für meine Familie, Freunde und Kollegen zubereite und die ich auch selbst gerne genieße. Denn was gibt es Schöneres, als einen frisch gebackenen Hefezopf zum Sonntagsfrühstück oder eine köstliche Ensaimada zum Nachmittagskaffee?

Ich weiß, dass Viele vor der Zubereitung von Hefeteiggebäck großen Respekt haben, da die Sorge groß ist, dass der Teig nicht aufgehen könnte oder zu trocken wird. Aber mit den richtigen Zutaten und der richtigen Technik ist die Zubereitung von Hefeteig kein Hexenwerk, sondern gelingt ganz bestimmt!

Die wichtigsten Zutaten bei der Hefeteigherstellung sind das Mehl und die Hefe, bei denen ich Ihnen empfehlen würde, beim Einkauf auf eine gute Qualität zu achten.

In den Rezepten verwende ich Mehle aus den einbackfähigen Brotgetreiden Weizen oder Dinkel. Mehle aus Brotgetreide werden in Deutschland in Mehltypen eingeteilt. Wir verwenden vor allem die Mehltypen 405 und 550 bei Weizenmehl und bei Dinkelmehl den Type 630. Diese Bezeichnung kommt zustande, indem eine geringe Menge Mehl bei 900 °C verbrannt wird. Die verbleibende Menge Asche ergibt die Typenbezeichnung. Sie gibt die Mineralstoffmenge in mg pro 100 g Mehl an. Bei einem Dinkelmehl Type 630 sind also 630 mg Mineralstoffe in 100 g Mehl zu finden. Mehl ist ein Naturprodukt und somit von Klima und Witterung abhängig. Deshalb werden in der Mühle Mehle gemischt, um eine gleichbleibende Backqualität garantieren zu können. Außer Ascorbinsäure (Vitamin C), die den Kleber im Mehl festigt und das Ranzigwerden hemmt, sind im Mehl keine Zusatzstoffe erlaubt. Eine Ausnahme stellen dabei Enzyme dar, die nicht deklariert werden müssen. Erkundigen Sie sich zu Inhaltsstoffen und Backeigenschaften beim Müller ihres Vertrauens. Abhängig vom Type ist Mehl auch unterschiedlich lagerfähig. Die normalerweise von Hobbybäckern verwendeten Mehle haben eine Haltbarkeit von gut einem Jahr. Wer sein Mehl selbst mahlt, sollte dieses zügig verbrauchen, da die enthaltenen Fettsäuren dazu führen, dass das Mehl nach wenigen Wochen ranzig wird.

Hefe wird im Handel als Frischhefe in Würfeln mit einem Gewicht von 42,5 g oder als Trockenhefe in Päckchen mit 7 g Gewicht angeboten. Ein Päckchen Trockenhefe hat ungefähr die halbe Gärkraft eines Hefewürfels. Wer unter einer Hefeallergie leidet, kann auf Ökohefen umsteigen, die anders gezüchtet werden. Auch Hefe ist ein Naturprodukt und verändert sich durch Lagerung. Frische Hefe behält bei 2 bis 8 °C ihre volle Triebkraft für mindestens 10 bis 12 Tage, danach lässt diese langsam nach. Frische Hefe erkennt man am angenehmen, süßlichen Geruch, einer hellen beigen Farbe, einem festen, abgegrenzten Bruch und einem guten, süßlichen Geschmack. Alte Hefe ist braungrau, rissig und riecht unangenehm. Die beste Temperatur für die Gärung sind 28–32 °C. Ab 45 °C beginnen die Hefezellen abzusterben. Die Flüssigkeiten sollten bei der Teigzubereitung also nie zu warm oder gar heiß zur Hefe gegeben werden.

Neben den Zutaten ist natürlich auch die richtige Zubereitungstechnik wichtig, damit das Hefegebäck luftig und saftig wird. Die Zutaten sollten zimmerwarm um die 20 °C sein. Die Hefeteigherstellung umfasst in den meisten Fällen folgende Arbeitsschritte. Zunächst sollte man die Butter zerlassen, die Milch hinzufügen und wieder auf Zimmertemperatur abkühlen lassen. Dann das Mehl in eine Schüssel geben, die mindestens auch die doppelte Menge fassen würde. Etwas Salz über das Mehl streuen. In die Mehlmitte eine Vertiefung drücken und in diese Milch, Butter und Hefe geben. Mit einem Rührlöffel die Zutaten verrühren und vom Rand her etwas Mehl mit unterheben. Einige Minuten gehen lassen, bis sich sichtbare Bläschen bilden. Die Hefe fängt dann an zu „arbeiten". Zucker und Ei hinzufügen und mit dem Knethaken der Küchenmaschine oder einem Handrührgerät auf niedriger Stufe alle Zutaten vermischen, bis sich ein gleichmäßiger Teigkloß ergibt, der sich von der Schüssel löst. Dann den Teig am besten von Hand einige Minuten durchkneten. Dadurch bekommt man ein Gefühl für den Teig und durch die Handwärme und das gleichmäßige Durcharbeiten der Zutaten wird der Gehvorgang begünstigt. Dann den Teig zur doppelten Größe gehen lassen. Danach den Teig nochmals durchkneten. Das verbessert die Teigstruktur und bindet die durch den Gehvorgang entstehenden Gase besser ein.

Die Mengenangaben in den Rezepten sind erprobt und sollten funktionieren. Wenn Sie sich an die Angaben halten, kann kaum etwas schief gehen.

Dem, der die Grundlagen der Hefeteigzubereitung beherrscht, erschließt sich eine ganze Welt des Backens. Die Vielseitigkeit von Hefeteig begeistert mich immer wieder aufs Neue. Je nachdem, wie man die Zutaten Mehl, Wasser, Hefe, Salz, Zucker, Eier und Fett kombiniert, lassen sich ganz unterschiedliche Gebäcksorten herstellen.

Auf einem mürben Hefeteig mit wenig Fett kommt z.B. ein Obstbelag mit Streuseln wunderbar zur Geltung. Plunderteig enthält mehr Fett und backt in Schichten, ähnlich wie Blätterteig. Mit diesem Teig lassen sich z.B. herrlich buttrige Croissants herstellen. Für die Herstellung eines Savarins oder einer Brioche verwendet man dagegen einen gerührten Hefeteig, der durch den hohen Anteil an Eiern sehr weich ist und nicht von Hand geknetet werden kann.

Nicht nur die Zusammensetzung des Teiges, sondern auch die Zubereitungsarten bieten zahlreiche Variationsmöglichkeiten. Ob im Ofen gebacken, frittiert, gedämpft oder gekocht – jede Zubereitungsart verleiht dem Hefeteiggebäck einen eigenen Geschmack und eine besondere Textur.

Und nicht zuletzt lässt sich Hefeteig durch seine Geschmeidigkeit so gut formen wie kein anderer Teig, z.B. zu Brezeln, Zöpfen oder Kränzen, um einmal die Klassiker zu nennen. Aber auch andere Formen sind denkbar – der Fantasie sind hier keine Grenzen gesetzt.

Aufgrund der Vielfalt der Zubereitungsmöglichkeiten ist es nicht verwunderlich, dass sich viele verschiedene Spezialitäten aus Hefeteig entwickelt haben. Was wäre z.B. das Weihnachtsfest ohne den Genuss von selbst gebackenem Stollen, das Sonntagsfrühstück ohne einen luftigen Hefezopf oder ein Besuch in Hamburg ohne den Genuss eines leckeren Franzbrötchens? Als Schwabe gehören Flachswickel, Streuselküchlein und Dampfnudeln zu meinen liebsten kulinarischen Kindheitserinnerungen. Heute bereite ich diese Spezialitäten gerne selbst für meine Familie und meine Freunde zu.

Mit diesem Buch möchte ich meine Begeisterung für all diese süßen Köstlichkeiten mit Ihnen teilen. Bei allen Rezepten habe ich darauf Wert gelegt, nur regionale Zutaten zu verwenden, die bei uns heimisch und leicht erhältlich sind. Je nach Saison können Sie gerade bei den Obstkuchenrezepten die Sorten gerne variieren. So können Sie immer einen zur Jahreszeit passenden Kuchen servieren.

Viel Freude beim Backen und Genießen wünscht Ihnen Ihr

MARKUS WAGNER

Kuchen

Erdbeermus-Haferflocken-Puddingkuchen

In meiner Familie gab es keinen Festtag ohne diesen Kuchen, denn er ist der Klassiker meiner Großmutter. Er hat uns immer hervorragend geschmeckt!

Für den Teig:

30 g Butter
250 ml Milch
500 g Weizenmehl Type 405
1 Msp Salz
½ Würfel Hefe oder
1 Tüte Trockenhefe
1 Ei
80 g Zucker
Mehl, zum Arbeiten

Für die Füllung

1 Tüte Vanillepuddingpulver
½ l Milch
etwas Zucker
1 Prise Salz

Für den Guss:

100 g (selbstgemachte) nicht zu flüssige Erdbeermarmelade
80 g Haferflocken
2 EL Zucker

Für 1 Springform (Ø 26 cm oder größer)

1 Die Butter schmelzen und die Milch dazugeben. Die Butter-Milch-Mischung sollte nur etwas mehr als zimmerwarm sein. Das Mehl mit dem Salz in eine ausreichend große Schüssel geben und in die Mitte eine Vertiefung drücken. Die Butter-Milch-Mischung hineingeben, die Hefe zerkleinern und einrühren. Den Vorteig kurz gehen lassen. 2 Die restlichen Zutaten hinzufügen und den Teig mindestens 5 Minuten lang kneten. In dieser Zeit bekommt er eine glänzende Oberfläche und löst sich von der Schüssel ab. Danach weiter von Hand durchkneten und, wenn nötig, noch Mehl hinzufügen, bis der Teig nicht mehr an den Händen kleben bleibt und sich gut von der Schüssel löst. Die Schüssel mit einem angefeuchteten Küchentuch abdecken und den Teig an einem zugfreien, warmen Ort so lange gehen lassen, bis er sich mindestens verdoppelt hat. Das dauert ca. 45 Minuten. 3 Den Backofen auf 160 °C Umluft vorheizen und die Springform mit Backpapier auslegen. Den Teig mit etwas Mehl noch einmal kneten, auf die Größe der Springform ausrollen und in die Form legen. Mit einem angefeuchteten Küchentuch abdecken und weitere 30 Minuten gehen lassen. 4 Den Kuchen auf mittlerer Schiene 35 Minuten lang backen, herausnehmen und abkühlen lassen. Danach den Kuchen mit einem Messer in der Mitte halbieren und die untere Hälfte wieder in die Backform zurückgeben. 5 Den Pudding nach Packungsanweisung mit der Milch, dem Zucker und dem Salz zubereiten, auf den unteren Kuchenboden in die Backform geben und gleichmäßig verteilen. Die andere Hälfte auf die Puddingschicht legen. Den Kuchen kühl stellen und am besten über Nacht durchziehen lassen. 6 Am darauffolgenden Tag die Erdbeermarmelade großzügig auf den Kuchen streichen. Die Haferflocken in einer beschichteten Pfanne ohne Fett gleichmäßig anrösten. Die Hitze reduzieren, den Zucker dazugeben und karamellisieren lassen. Die karamellisierten Haferflocken noch warm auf der Erdbeermarmeladenschicht verteilen.

Tipp: Der Kuchen lässt sich sehr gut vorbereiten. Backen Sie den Teig schon am Vortag und bereiten Sie am Tag der Feier nur noch den Pudding zu und setzen Sie den Kuchen zusammen. So haben Sie am Tag der Feier im Nu einen köstlichen, frischen Kuchen auf dem Tisch!

Blaubeerkuchen

Früchte, Streusel und Hefeteig sind einfach eine unschlagbare Kombination. Die Blaubeeren können Sie je nach Saison auch durch Äpfel, Birnen, Zwetschgen, Quitten oder beliebiges anderes Obst ersetzen.

Für den Teig:

30 g Butter
100 ml Milch
250 g Weizenmehl Type 405
1 Pr Salz
½ Würfel Hefe oder
1 Tüte Trockenhefe
30 g Zucker
1 Ei

Für den Belag:

500 g Blaubeeren
4 EL Zucker
1 TL geriebene Schale von
1 unbehandelten Zitrone
1 cl Orangenlikör
3 EL Stärkemehl

Für die Streusel:

50 g Rohrzucker
50 g Butter
50 g fein gemahlene Mandeln
50 g Weizenmehl Type 405

Für 1 Springform (Ø 26 cm)

1 Die Butter schmelzen und die Milch dazugeben. Die Butter-Milch-Mischung sollte nur etwas mehr als zimmerwarm sein. Das Mehl mit dem Salz in eine ausreichend große Schüssel geben und in die Mitte eine Vertiefung drücken. Die Butter-Milch-Mischung hineingeben, die Hefe zerkleinern und einrühren. Den Vorteig kurz gehen lassen. 2 Die restlichen Zutaten hinzufügen und den Teig mindestens 5 Minuten lang kneten. In dieser Zeit bekommt er eine glänzende Oberfläche und löst sich von der Schüssel ab. Danach weiter von Hand durchkneten und, wenn nötig, noch Mehl hinzufügen, bis der Teig nicht mehr an den Händen kleben bleibt und sich gut von der Schüssel löst. Die Schüssel mit einem angefeuchteten Küchentuch abdecken und den Teig an einem zugfreien, warmen Ort so lange gehen lassen, bis er sich mindestens verdoppelt hat. Das dauert ca. 45 Minuten. 3 Die Springform mit Backpapier belegen, den Hefeteig kreisrund ausrollen und in die Form legen. Den Backofen auf 175 °C Ober- und Unterhitze vorheizen. 4 Die Blaubeeren waschen, mit dem Zucker, der Zitronenschale und dem Likör vermischen und in einem Topf aufkochen lassen. Das Stärkemehl in ein kleines Glas mit Wasser geben und glatt rühren. Mit einem Schneebesen unter die Blaubeeren rühren, kurz aufkochen und anschließend abkühlen lassen. Dann die Blaubeeren auf den Teig in die Kuchenform gießen. 5 Für die Streusel die Zutaten in eine kleine Schüssel geben und mit den Fingern zu Streuseln verarbeiten. Die Streusel über die Blaubeeren streuen. Den Kuchen auf mittlerer Schiene ca. 40 Minuten lang backen.

Rhabarberkuchen mit Marzipanstreuseln

Ein guter Kuchen muss nicht immer kompliziert sein: In dieser köstlichen Obststreuselkuchen-Variante kommt das Obst ganz pur, nur mit etwas Zucker und Zimt bestreut, auf den Hefeteig und wird mit köstlichen Marzipanstreuseln veredelt.

Für den Teig:

30 g Butter
100 ml Milch
250 g Weizenmehl Type 405
1 Pr Salz
½ Würfel Hefe oder
1 Tüte Trockenhefe
30 g Zucker
1 Ei

Für den Belag:

1 kg Rhabarber
2 EL Rohrzucker
1 TL Zimt oder gemahlene Zimtblüten

Für die Streusel:

50 g Rohrzucker
50 g Butter
80 g Marzipanrohmasse
80 g Weizenmehl Type 405

Für 1 Backblech

1 Die Butter schmelzen und die Milch dazugeben. Die Butter-Milch-Mischung sollte nur etwas mehr als zimmerwarm sein. Das Mehl mit dem Salz in eine ausreichend große Schüssel geben und in die Mitte eine Vertiefung drücken. Die Butter-Milch-Mischung hineingeben, die Hefe zerkleinern und einrühren. Den Vorteig kurz gehen lassen. 2 Die restlichen Zutaten hinzufügen und den Teig mindestens 5 Minuten lang kneten. In dieser Zeit bekommt er eine glänzende Oberfläche und löst sich von der Schüssel ab. Danach weiter von Hand durchkneten und, wenn nötig, noch Mehl hinzufügen, bis der Teig nicht mehr an den Händen kleben bleibt und sich gut von der Schüssel löst. Die Schüssel mit einem angefeuchteten Küchentuch abdecken und den Teig an einem zugfreien, warmen Ort so lange gehen lassen, bis er sich mindestens verdoppelt hat. Das dauert ca. 45 Minuten. 3 Die Springform mit Backpapier belegen, den Hefeteig kreisrund ausrollen, in die Form legen und mit einer Gabel gleichmäßig Löcher hineinstechen. Den Backofen auf 175 °C Umluft vorheizen. 4 Den Rhabarber waschen, schälen, in Stücke schneiden und auf dem Teig verteilen. Den Rohrzucker und den Zimt darüberstreuen. 5 Für die Streusel die Zutaten in eine kleine Schüssel geben und mit den Fingern zu Streuseln verkneten. Die Streusel gleichmäßig über den Rhabarber verteilen. Den Kuchen auf mittlerer Schiene ca. 45 Minuten lang backen.

Tipp: Da der Rhabarber auch nach dem Backen noch feucht ist, sollte man den Kuchen am besten am gleichen Tag essen, da die Streusel sonst Feuchtigkeit ziehen und nicht mehr knusprig sind.

Mohnstreuselkuchen

Ein Klassiker der Hefeteigbäckerei, und das zu Recht: Die saftige Mohnfüllung in Kombination mit den knusprigen Streuseln macht diesen Kuchen zum perfekten Begleiter zu einer guten Tasse Kaffee.

Für den Teig:

30 g Butter
100 ml Milch
250 g Weizenmehl Type 405
1 Pr Salz
½ Würfel Hefe oder
1 Tüte Trockenhefe
30 g Zucker
1 Ei

Für die Streusel:

50 g Rohrzucker
50 g Butter
50 g fein gemahlene Mandeln
50 g Weizenmehl Type 405

Für den Belag:

400 ml Milch
20 g Speisestärke
1 Vanilleschote
6 EL Zucker
250 g gemahlener Blaumohn
1 TL Zimt
1 EL Rum

Für 1 Springform (Ø 26 cm)

1 Die Butter schmelzen und die Milch dazugeben. Die Butter-Milch-Mischung sollte nur etwas mehr als zimmerwarm sein. Das Mehl mit dem Salz in eine ausreichend große Schüssel geben und in die Mitte eine Vertiefung drücken. Die Butter-Milch-Mischung hineingeben, die Hefe zerkleinern und einrühren. Den Vorteig kurz gehen lassen. 2 Die restlichen Zutaten hinzufügen und den Teig mindestens 5 Minuten lang kneten. In dieser Zeit bekommt er eine glänzende Oberfläche und löst sich von der Schüssel ab. Danach weiter von Hand durchkneten und, wenn nötig, noch Mehl hinzufügen, bis der Teig nicht mehr an den Händen kleben bleibt und sich gut von der Schüssel löst. Die Schüssel mit einem angefeuchteten Küchentuch abdecken und den Teig an einem zugfreien, warmen Ort so lange gehen lassen, bis sich der Teig mindestens verdoppelt hat. Das dauert ca. 45 Minuten. 3 Die Springform mit Backpapier belegen, den Hefeteig kreisrund ausrollen und in die Form legen. Den Backofen auf 175°C Umluft vorheizen. 4 Für die Streusel die Zutaten in eine kleine Schüssel geben und mit den Fingern zu Streuseln verkneten. 5 Für die Puddingfüllung 3 EL Milch in einer Tasse mit der Speisestärke glatt rühren. Die restliche Milch mit der Vanilleschote und dem Zucker zum Kochen bringen. Vom Herd nehmen, die Vanilleschote herausnehmen, aufschneiden und das Mark wieder in die Milch geben. Die glatt gerührte Speisestärke und den gemahlenen Mohn in die noch warme Milch geben und mit einem Schneebesen unterrühren. Aufkochen und 3 Minuten lang bei kleiner Flamme weiterkochen lassen. Vom Herd nehmen und den Zimt und den Rum einrühren. 6 Den Kuchenboden mit einer Gabel gleichmäßig einstechen und die etwas abgekühlte Mohnmasse gleichmäßig darauf streichen. Die Streusel auf der Füllung verteilen und im Backofen ca. 35 Minuten lang auf der mittleren Schiene backen.

Tipp: Je nach Geschmack kann man noch 50 g Rosinen in etwas Orangenlikör einlegen und kurz vor dem Backen unter den Mohnpudding rühren. Wenn Sie die Vanilleschote nach der Verwendung trocknen und in Zucker einlegen, erhalten Sie einen köstlichen, selbst gemachten Vanillezucker.

Apfelpizza

Diese süße Pizza schmeckt Erwachsenen und Kindern sehr gut und ist schnell zubereitet, wenn der Teig einmal gemacht ist. Wenn Sie eine Kinder-Apfelpizza backen möchten, legen Sie die Rosinen einfach in Apfelsaft ein.

Für den Teig:

25 g Butter
125 ml Milch
250 g Weizenmehl Type 405
1 Pr Salz
1/3 Würfel Hefe oder
1 Tüte Trockenhefe
30 g Zucker
1 Ei
Mehl, zum Arbeiten

Für den Belag:

150 g Crème fraîche
60 g Rohrzucker
1 TL Zimt
2 große, säuerliche Äpfel, z.B. Boskoop
1 Gläschen (2 cl) Rumrosinen
50 g Mandelstifte

Für 1 Springform (Ø 28 cm)

1 Die Butter schmelzen und die Milch dazugeben. Die Butter-Milch-Mischung sollte nur etwas mehr als zimmerwarm sein. Das Mehl mit dem Salz in eine ausreichend große Schüssel geben und in die Mitte eine Vertiefung drücken. Die Butter-Milch-Mischung hineingeben, die Hefe zerkleinern und einrühren. Den Vorteig kurz gehen lassen. 2 Den Zucker und das Ei hinzufügen und den Teig mindestens 5 Minuten lang kneten. In dieser Zeit bekommt er eine glänzende Oberfläche und löst sich von der Schüssel ab. Danach weiter von Hand durchkneten und, wenn nötig, noch Mehl hinzufügen, bis der Teig nicht mehr an den Händen kleben bleibt und sich gut von der Schüssel löst. Die Schüssel mit einem angefeuchteten Küchentuch abdecken und den Teig an einem zugfreien, warmen Ort so lange gehen lassen, bis er sich der Teig mindestens verdoppelt hat. Das dauert ca. 45 Minuten. 3 Den Backofen auf 210 °C Ober- und Unterhitze vorheizen und eine Springform mit Backpapier belegen. 4 Den Teig mit etwas Mehl bestreuen, aus der Schüssel nehmen, auf die Größe der Springform ausrollen und den Teig hineinlegen. Die Crème fraîche mit dem Rohrzucker und dem Zimt vermischen und auf dem vorbereiteten Boden verteilen. Die Äpfel fein würfeln und mit den Rumrosinen und den Mandeln auf dem Boden verteilen. Wie bei einer guten Pizza sollte der Boden noch zu sehen sein. Auf der unteren Schiene knapp 15 Minuten lang backen.

Tipp: Verwenden Sie, falls Sie den Teig schon einige Stunden vor dem Backen zubereiten möchten, nur ein Viertel des Hefewürfels und stellen Sie den Teig zum Gehen nicht warm. So erhalten Sie auch bei einer längeren Gehzeit einen perfekten Teig für die Pizza.

Bienenstich mit Salzbutter-Honig-Krokant

Der Bienenstich ist ein Klassiker der Kuchenkultur in Deutschland. Der Salzbutter-Honig-Krokant verleiht diesem Traditionsrezept das besondere Etwas.

Für den Teig:

30 g Butter
120 ml Milch
250 g Weizenmehl Type 405
1 Pr Salz
½ Würfel Hefe oder
1 Tüte Trockenhefe
30 g Zucker
1 Ei

Für den Belag:

80 g Meersalzbutter
80 g Zucker
1 TL Waldhonig
2 EL Sahne
100 g Mandelblättchen

Für die Füllung:

250 g Sahne
2 EL Zucker
2 Blatt Gelatine

Für 1 Springform (Ø 26 cm)

1 Die Butter schmelzen und die Milch dazugeben. Die Butter-Milch-Mischung sollte nur etwas mehr als zimmerwarm sein. Das Mehl mit dem Salz in eine ausreichend große Schüssel geben und in die Mitte eine Vertiefung drücken. Die Butter-Milch-Mischung hineingeben, die Hefe zerkleinern und einrühren. Den Vorteig kurz gehen lassen. 2 Die restlichen Zutaten hinzufügen und den Teig mindestens 5 Minuten lang kneten. In dieser Zeit bekommt er eine glänzende Oberfläche und löst sich von der Schüssel ab. Danach weiter von Hand durchkneten und, wenn nötig, noch Mehl hinzufügen, bis der Teig nicht mehr an den Händen kleben bleibt und sich gut von der Schüssel löst. Die Schüssel mit einem angefeuchteten Küchentuch abdecken und den Teig an einem zugfreien, warmen Ort so lange gehen lassen, bis er sich mindestens verdoppelt hat. Das dauert ca. 45 Minuten. 3 Die Springform mit Backpapier belegen, den Hefeteig kreisrund ausrollen und in die Form legen. Den Backofen auf 175 °C Ober- und Unterhitze vorheizen. 4 Die Butter, den Zucker, den Honig und die Sahne in einem Topf zum Kochen bringen und die Mandelblättchen unterheben. Lauwarm abkühlen lassen und auf den Teig geben. 5 Den Kuchen im Backofen auf der mittleren Schiene ca. 30 Minuten lang backen, herausnehmen und in der Form abkühlen lassen. Aus der Form nehmen, mit einem großen Messer halbieren und die untere Hälfte wieder in die Form geben. 6 Die Sahne mit dem Zucker steif schlagen. Die Gelatine nach Packungsanweisung auflösen, dann eine kleine Sahnemenge unterheben und der Temperatur angleichen. Dann den Rest der Sahne zügig einarbeiten. Die Sahnemasse auf den Kuchenboden geben und gleichmäßig verteilen, danach die obere Teighälfte wieder aufsetzen. Kalt stellen und am besten noch am selben Tag servieren.

Tipp: Da die Füllung sehr weich ist, kann die obere Teighälfte vor dem Aufsetzen schon in 12 Teile geteilt werden, damit beim Schneiden nicht die Masse herausgedrückt wird.

Butterkuchen

Dieser saftige Kuchen wird am besten noch leicht warm serviert. Ein schneller und perfekter Begleiter zur Kaffeestunde!

Für den Teig:

50 g Butter
250 ml Milch
500 g Weizenmehl Type 405
1 Pr Salz
½ Würfel Hefe oder
1 Tüte Trockenhefe
60 g Zucker
1 Ei

Für den Belag:

100 g Butter
80 g Mandelblättchen
60 g Zucker
125 g Sahne

Für 1 Backblech

❶ Die Butter schmelzen und die Milch dazugeben. Die Butter-Milch-Mischung sollte nur etwas mehr als zimmerwarm sein. Das Mehl mit dem Salz in eine ausreichend große Schüssel geben und in die Mitte eine Vertiefung drücken. Die Butter-Milch-Mischung hineingeben, die Hefe zerkleinern und einrühren. Den Vorteig kurz gehen lassen. ❷ Die restlichen Zutaten hinzufügen und den Teig mindestens 5 Minuten lang kneten. In dieser Zeit bekommt er eine glänzende Oberfläche und löst sich von der Schüssel ab. Danach weiter von Hand durchkneten und, wenn nötig, noch Mehl hinzufügen, bis der Teig nicht mehr an den Händen kleben bleibt und sich gut von der Schüssel löst. Die Schüssel mit einem angefeuchteten Küchentuch abdecken und den Teig an einem zugfreien, warmen Ort so lange gehen lassen, bis er sich mindestens verdoppelt hat. Das dauert ca. 45 Minuten. ❸ Ein tiefes Backblech mit Backpapier belegen und den Teig auf die Größe des Blechs ausrollen. Mit einem sauberen Handtuch abdecken und noch einmal gut 15 Minuten lang an einem warmen Ort gehen lassen. Den Backofen auf 200 °C Ober- und Unterhitze vorheizen. ❹ In den Teig mit dem Daumen oder dem Stiel eines Rührlöffels Vertiefungen drücken und Butterflocken hineingeben. Dann die Mandelblättchen und den Zucker darüberstreuen und gut 20 Minuten lang backen. Sofort nach dem Herausnehmen mit der Sahne beträufeln, damit der Kuchen schön saftig wird. Kurz abkühlen lassen und am besten noch lauwarm schneiden und servieren.

Kärntner Reindling

Etwas ungewöhnlich in der Zubereitung, aber köstlich: Der Kärntner Reindling wird in einem Topf gebacken und ist ein typischer Kuchen aus Südtirol.

Für den Teig:

30 g Butter
250 ml Milch
500 g Weizenmehl Type 405
1 Pr Salz
½ Würfel Hefe oder
1 Tüte Trockenhefe
60 g Zucker
1 Ei

Für die Füllung:

60 g Zucker
2 TL Zimt
150 g Rosinen
Butter, für die Form

Zum Bestreichen:

2 EL Sahne

Für 1 Kärntner Reindling

1 Die Butter schmelzen und die Milch dazugeben. Die Butter-Milch-Mischung sollte nur zimmerwarm sein. Das Mehl mit dem Salz in eine ausreichend große Schüssel geben und in die Mitte eine Vertiefung drücken. Die Butter-Milch-Mischung hineingeben, die Hefe zerkleinern und einrühren. Den Vorteig kurz gehen lassen.
2 Die restlichen Zutaten hinzufügen und den Teig mindestens 5 Minuten lang kneten. In dieser Zeit bekommt er eine glänzende Oberfläche und löst sich von der Schüssel ab. Danach weiter von Hand durchkneten und, wenn nötig, noch Mehl hinzufügen, bis der Teig nicht mehr an den Händen kleben bleibt und sich gut von der Schüssel löst. Die Schüssel mit einem angefeuchteten Küchentuch abdecken und den Teig an einem zugfreien, warmen Ort so lange gehen lassen, bis er sich mindestens verdoppelt hat. Das dauert ca. 45 Minuten. Durchkneten und nochmals 30 Minuten lang gehen lassen. 3 Den Backofen auf 160 °C Umluft vorheizen und einen backofenfesten Topf mit der Butter einfetten. 4 Den Teig 1 cm dick zu einem Rechteck ausrollen. Den Zucker mit dem Zimt mischen und auf den Teig streuen. Dann die Rosinen gleichmäßig auf dem Teig verteilen und diesen an der langen Seite zusammenrollen. Zu einer Schnecke wickeln und in den Topf geben. Im Topf nochmals gut 30 Minuten lang gehen lassen. Dann mit der Sahne bestreichen und im vorgeheizten Backofen in 45 Minuten goldbraun backen.

Tipp: Der Kuchen kann längs, aber auch wie eine Torte aufgeschnitten werden und wird in Kärnten mit Butter oder Marmelade gegessen. Eine Kärntner Besonderheit ist Mohnbutter: Dafür 200 g Mohn mahlen, mit 80 g Zucker, 2 cl Rum, etwas Vanille und wenigen EL Wasser vermischen, sodass eine gleichmäßige Masse entsteht. Diese in eine Schale füllen und kalte Butter darüber reiben. Ein perfekter Aufstrich für den Reindling!

Savarin mit Apfelpunsch

Ein Savarin ist ein mit Sirup oder Alkohol getränkter, ringförmiger Hefekuchen, der ursprünglich aus Frankreich stammt. Der Teig ist so weich, dass er nicht geknetet, sondern gerührt wird.

Für den Teig:

500 g Weizenmehl Type 405
½ Würfel Hefe
100 ml zimmerwarme Milch
3 Eier
2 Eigelb
3 EL Zucker
1 Msp Salz
geriebene Schale von ½ unbehandelten Zitrone
100 g flüssige Butter
Butter und Mehl, für die Form

Für den Sirup:

1 Zimtstange
3 Nelken
½ Sternanis
4 EL Zucker
250 ml Apfel- oder Quittensaft
Mark von 1 Vanilleschote
geriebene Schale von 1 unbehandelten Zitrone

Für 1 Savarin-Form

1 Das Mehl, die Hefe, die Milch, die Eier, die Eigelbe, den Zucker, das Salz und die geriebene Zitronenschale mit der Küchenmaschine oder dem Handrührgerät gut verrühren. Die zimmerwarme, flüssige Butter langsam dazugeben und unterrühren. Den Teig abdecken und an einem zugfreien, warmen Ort 45 Minuten lang gehen lassen. 2 Den Backofen auf 180 °C Umluft vorheizen. Die Savarin-Form mit Butter einfetten, mit Mehl ausstreuen und den Teig in die Form füllen. Die Oberfläche mit Wasser einpinseln, damit sich keine Haut bildet. Noch einmal so lange gehen lassen, bis der Teig die Höhe der Form erreicht. Den Kuchen auf der mittleren Schiene in gut 45 Minuten goldbraun backen. 3 Für den Sirup die Zimtstange, die Nelken und den Sternanis mit dem Zucker in einen Topf geben und rösten, bis der Zucker karamellisiert. Mit dem Saft ablöschen und kochen, bis sich das Karamell aufgelöst hat. Das Vanillemark und die Zitronenschale hinzufügen und die Flüssigkeit auf die Hälfte einreduzieren. Den Kuchen noch warm mit dem Sirup tränken. Etwas abkühlen lassen und aus der Form stürzen.

Tipp: Der Savarin kann auch mit Glühwein getränkt werden. Dafür den Sirup mit Wein und nicht mit Saft zubereiten.

Guglhupf mit Sauerkirschen

Lassen Sie sich von der langen Wartezeit nicht abschrecken. Tatsächlich ist dieser Kuchen mit nur wenigen Handgriffen zubereitet – und während der Wartezeit können Sie sich anderen schönen Dingen widmen. Und je länger der Teig geht, desto fluffiger wird das Backergebnis!

80 g getrocknete Sauerkirschen
4 cl Kirschwasser
100 ml Milch
500 g Dinkelmehl Type 630
1 Pr Salz
½ Würfel Hefe oder
1 Tüte Trockenhefe
125 g Zucker
3 Eier
geriebene Schale von
1 unbehandelten Orange
125 g weiche Butter
zerlassene Butter, für die Form
80 g Mandelblättchen

Für 1 Guglhupf-Form (Ø 24 cm)

1 Am Vortag die getrockneten Sauerkirschen in das Kirschwasser einlegen und den Hefeteig ansetzen. Dazu die Milch leicht erwärmen, bis sie zimmerwarm ist. Das Mehl mit dem Salz in eine Schüssel geben und in die Mitte eine Vertiefung drücken. Die erwärmte Milch hineingeben, die Hefe zerkleinern und in der Milch auflösen. Den Vorteig 15 Minuten lang gehen lassen. 2 Den Zucker, die Eier und die Orangenschale hinzufügen und mindestens 5 Minuten lang kneten, bis ein glatter Teig entstanden ist. Dann die Butter dazugeben und unterkneten. Den Teig über Nacht in den Kühlschrank stellen. 3 Am nächsten Tag den Teig aus dem Kühlschrank herausnehmen und Zimmertemperatur annehmen lassen. Die Sauerkirschen mit dem Kirschwasser mit dem Knethaken des Handrührgerätes in den Teig einarbeiten. Eine Guglhupfform mit zerlassener Butter auspinseln, großzügig mit den Mandelblättchen ausstreuen und den Teig hineingeben. Die Form abdecken und weitere 4 Stunden gehen lassen. 4 Den Backofen auf 175 °C Umluft vorheizen und den Kuchen auf der mittleren Schiene gut 50 Minuten lang backen, bis er oben schön braun ist.

Rosenkuchen

Dieser hübsche Kuchen eignet sich wunderbar als Mitbringsel zu einem Brunch – von dem Kuchen kann sich jeder Gast ganz einfach eine Schnecke abrechen. Oder Sie servieren ihn ganz traditionell zum Nachmittagskaffee.

Für den Teig:

80 g Butter
250 ml Milch
500 g Weizenmehl Type 405
1 Pr Salz
½ Würfel Hefe oder
 1 Tüte Trockenhefe
60 g Zucker
1 Ei

Für die Füllung:

80 g zerlassene Butter
80 g Rohrzucker
1 TL Zimt
80 g Mandelblättchen
Milch, zum Bestreichen

Für 1 Springform (Ø 28 cm)

❶ Die Butter schmelzen und die Milch dazugeben. Die Butter-Milch-Mischung sollte nur etwas mehr als zimmerwarm sein. Das Mehl mit dem Salz in eine ausreichend große Schüssel geben und in die Mitte eine Vertiefung drücken. Die Butter-Milch-Mischung hineingeben, die Hefe zerkleinern und einrühren. Den Vorteig kurz gehen lassen. ❷ Die restlichen Zutaten hinzufügen und den Teig mindestens 5 Minuten lang kneten. In dieser Zeit bekommt er eine glänzende Oberfläche und löst sich von der Schüssel ab. Danach weiter von Hand durchkneten und, wenn nötig, noch Mehl hinzufügen, bis der Teig nicht mehr an den Händen kleben bleibt und sich gut von der Schüssel löst. Die Schüssel mit einem angefeuchteten Küchentuch abdecken und den Teig an einem zugfreien, warmen Ort so lange gehen lassen, bis er sich mindestens verdoppelt hat. Das dauert ca. 45 Minuten. ❸ Den Backofen auf 175 °C Umluft vorheizen. ❹ Den Teig nochmals durchkneten und auf einer bemehlten Arbeitsfläche 8 mm dick zu einem Rechteck ausrollen. Gleichmäßig mit der zerlassenen Butter bepinseln. Den Rohrzucker mit dem Zimt mischen, ein wenig davon beiseite stellen und den Rest auf den Teig streuen. Die Mandelblättchen großzügig darüberstreuen und den Teig von der langen Seite her aufrollen. ❺ Die Springform mit Backpapier belegen. Die Teigrolle in ca. 16 gleich große Stücke schneiden und diese mit den Schnittseiten nach oben mit geringem Abstand gleichmäßig in der Form verteilen. Vor dem Backen noch einmal mit etwas kalter Milch bepinseln und mit der beiseite gestellten Zuckermischung bestreuen. Den Kuchen auf der mittleren Schiene gut 35 Minuten lang backen.

Zöpfe, Brote & Brötchen

Buttriger Hefezopf

Ein frisch gebackener Hefezopf zum Frühstück, dazu ein Stück gute Butter und ein wenig Konfitüre – das ist für mich der perfekte Start in den Tag.

Für den Teig:

500 g Weizenmehl Type 550 oder Dinkelmehl Type 630
½ TL Salz
200 ml Milch
½ Würfel Hefe oder 1 Tüte Trockenhefe
80 g Zucker
2 Eier
150 g kalte Butter
Mehl, für die Arbeitsfläche

Für die Dekoration:

1 Eigelb
50 g Hagelzucker

Für 2 Hefezöpfe

1 Das Mehl mit dem Salz in eine ausreichend große Schüssel geben und in die Mitte eine Vertiefung drücken. Dort hinein die Milch geben, die Hefe zerkleinern und einrühren. Den Vorteig kurz gehen lassen. 2 Den Zucker, die Eier und die kalte Butter in kleinen Stücken hinzufügen und den Teig mindestens 5 Minuten lang kneten. In dieser Zeit bekommt er eine glänzende Oberfläche und löst sich von der Schüssel ab. Danach weiter von Hand durchkneten und, wenn nötig, noch Mehl hinzufügen, bis der Teig nicht mehr an den Händen kleben bleibt und sich gut von der Schüssel löst. Die Schüssel mit einem angefeuchteten Küchentuch abdecken und den Teig an einem zugfreien, warmen Ort so lange gehen lassen, bis er sich mindestens verdoppelt hat. Das dauert ca. 45 Minuten. 3 Den Teig auf eine leicht bemehlte Arbeitsfläche geben, in 6 gleich große Teile teilen und je 3 gleich lange Rollen (ca. 40 cm) daraus formen. Locker zu einem Zopf flechten und diesen auf ein mit Backpapier belegtes Blech geben. Abgedeckt noch einmal gut 45 Minuten lang gehen lassen. 4 10 Minuten vor Ablauf der Zeit den Backofen auf 200 °C Ober- und Unterhitze vorheizen und ein Schälchen mit kochendem Wasser auf den Boden des Backofens stellen. Das Eigelb mit 1 EL Wasser verquirlen, den Zopf damit bepinseln, mit dem Hagelzucker bestreuen und auf mittlerer Schiene gut 30 Minuten lang backen.

Tipp: Alternativ zum Hagelzucker können auch Mandelstifte zum Bestreuen verwendet werden. Und für Rosinenfreunde können Sie den Teig noch mit 100 g eingeweichten Rosinen anreichern.

Marzipanzopf

Der mit Marzipan gefüllte Hefezopf schmeckt nicht nur zum Frühstück gut. Durch seine süße Füllung ist er auch ein köstlicher Begleiter zum Nachmittagskaffee.

Für den Teig:

100 g weiche Butter
200 ml Milch
500 g Weizenmehl Type 550 oder Dinkelmehl Type 630
1 TL Salz
½ Würfel Hefe oder 1 Tüte Trockenhefe
60 g Zucker
1 Ei
Mehl, für die Arbeitsfläche

Für die Füllung:

250 g Marzipanrohmasse
Puderzucker, für die Arbeitsfläche

Für die Dekoration:

1 Eigelb
50 g Hagelzucker

Für 1 Marzipanzopf

1 Die Butter schmelzen und die Milch dazugeben. Die Butter-Milch-Mischung sollte nur etwas mehr als zimmerwarm sein. Das Mehl mit dem Salz in eine ausreichend große Schüssel geben und in die Mitte eine Vertiefung drücken. Die Butter-Milch-Mischung hineingeben, die Hefe zerkleinern und einrühren. Den Vorteig kurz gehen lassen. 2 Den Zucker und das Ei hinzufügen und den Teig mindestens 5 Minuten lang kneten. In dieser Zeit bekommt er eine glänzende Oberfläche und löst sich von der Schüssel ab. Danach weiter von Hand durchkneten und, wenn nötig, noch Mehl hinzufügen, bis der Teig nicht mehr an den Händen kleben bleibt und sich gut von der Schüssel löst. Die Schüssel mit einem angefeuchteten Küchentuch abdecken und den Teig an einem zugfreien, warmen Ort so lange gehen lassen, bis er sich mindestens verdoppelt hat. Das dauert ca. 45 Minuten. 3 Den Teig auf eine leicht bemehlte Arbeitsfläche geben und ca. 1 cm dick zu einem Rechteck ausrollen. Die Marzipanrohmasse auf einer mit Puderzucker bestäubten Arbeitsfläche in der gleichen Größe wie den Teig ausrollen und auf den Hefeteig legen. Den Teig von der langen Seite in 3 Streifen schneiden und jedes der Streifen von der längeren Seite her aufwickeln, sodass drei gefüllte Rollen entstehen. Diese Rollen locker zu einem Zopf flechten und diesen auf ein mit Backpapier belegtes Blech geben. Abgedeckt noch einmal gut 30 Minuten lang gehen lassen.
4 10 Minuten vor Ablauf der Zeit den Backofen auf 200 °C Ober- und Unterhitze vorheizen und ein Schälchen mit kochendem Wasser auf den Boden des Backofens stellen. Das Eigelb mit 1 EL Wasser verquirlen, den Zopf damit bepinseln, mit dem Hagelzucker bestreuen und auf mittlerer Schiene gut 35 Minuten lang backen.

Nusskranz

Ein saftiges Stück Nusskranz, dazu eine feine Tasse Tee – es gibt fast nichts Besseres, um sich am Nachmittag eine Pause zu können und von den Anstrengungen des Tages zu erholen.

Für den Teig:

30 g Butter
250 ml Milch
500 g Weizenmehl Type 550
1 Pr Salz
½ Würfel Hefe oder
1 Tüte Trockenhefe
60 g Zucker
1 Ei
Mehl, für die Arbeitsfläche

Für die Füllung:

250 g grob gemahlene Haselnüsse
150 g Zucker
100 g Sahne
1 Ei
1 TL Zimt
1 cl Rum

Zum Bestreichen:

1 Ei

Für 1 Nusskranz

1 Die Butter schmelzen und die Milch dazugeben. Die Butter-Milch-Mischung sollte nur etwas mehr als zimmerwarm sein. Das Mehl mit dem Salz in eine ausreichend große Schüssel geben und in die Mitte eine Vertiefung drücken. Die Butter-Milch-Mischung hineingeben, die Hefe zerkleinern und einrühren. Den Vorteig kurz gehen lassen. 2 Die restlichen Zutaten hinzufügen und den Teig mindestens 5 Minuten lang kneten. In dieser Zeit bekommt er eine glänzende Oberfläche und löst sich von der Schüssel ab. Danach weiter von Hand durchkneten und, wenn nötig, noch Mehl hinzufügen, bis der Teig nicht mehr an den Händen kleben bleibt und sich gut von der Schüssel löst. Die Schüssel mit einem angefeuchteten Küchentuch abdecken und den Teig an einem zugfreien, warmen Ort so lange gehen lassen, bis er sich mindestens verdoppelt hat. Das dauert ca. 45 Minuten. 3 Für die Füllung alle Zutaten in eine Schüssel geben und zu einer homogenen Masse verrühren. 4 Den Teig auf einer bemehlten Arbeitsfläche zu einem Rechteck ausrollen und die Füllung gleichmäßig darauf verteilen. Von der längeren Seite aus aufrollen. Die Rolle der Länge nach in der Mitte auseinanderschneiden, die beiden Stücke ineinander verwickeln und zu einem Kranz formen. 5 Den Backofen auf 200 °C Ober- und Unterhitze vorheizen. Ein Backblech mit Backpapier belegen, den Nusskranz daraufgeben und abgedeckt noch einmal 15 Minuten lang gehen lassen. Das Ei verquirlen, auf die Rolle pinseln und den Kranz auf der mittleren Schiene gut 35 Minuten lang backen.

Mohnkapsel

Eine Mohnkapsel sieht raffiniert aus, ist aber ganz leicht zuzubereiten, wenn man weiß, wie. Mit diesem köstlichen, süßen Gebäck können Sie ihre Familie und Freunde beeindrucken!

Für den Teig:

500 g Weizenmehl Type 550
1 Msp Salz
250 ml Milch
½ Würfel Hefe oder
1 Tüte Trockenhefe
2 El Zucker
1 Ei
200 g Butter
Mehl, für die Arbeitsfläche

Für die Füllung

250 g Blaumohn
150 g Zucker
1 Ei
2 cl Rum
Milch, zum Bestreichen

Für 1 Mohnkapsel

1 Das Mehl mit dem Salz in eine ausreichend große Schüssel geben und in die Mitte eine Vertiefung drücken. Die Milch hineingeben, die Hefe zerkleinern und einrühren. Den Vorteig kurz gehen lassen. 2 Die restlichen Zutaten bis auf die Butter hinzufügen und den Teig mindestens 5 Minuten lang kneten. In dieser Zeit bekommt er eine glänzende Oberfläche und löst sich von der Schüssel ab. Danach weiter von Hand durchkneten und, wenn nötig, noch Mehl hinzufügen, bis der Teig nicht mehr an den Händen kleben bleibt und sich gut von der Schüssel löst. Den Hefeteig in einer abgedeckten Schüssel gut 45 Minuten lang im Kühlschrank gehen lassen. 3 Die Butter in 2 cm dicke Scheiben schneiden und diese nebeneinander auf ein 40 cm langes Stück Frischhaltefolie legen. Einschlagen und zu einer 5 mm dicken Butterplatte ausrollen. Im Kühlschrank 20 Minuten lang auskühlen lassen. 4 Den Teig auf die doppelte Größe der Butterplatte ausrollen, die Butterplatte auf den Teig legen und diese darin einschlagen. Auf der leicht bemehlten Arbeitsfläche auf die doppelte Länge ausrollen und die Teigbahn zur Mitte hin von beiden Seiten aus falten. Es entsteht ein Rechteck mit dem Seitenverhältnis 1:2. Nochmals in Folie wickeln und gut 20 Minuten lang in den Kühlschrank stellen. Den Roll- und Faltvorgang mit Kühlung zweimal wiederholen. 5 Den Backofen auf 200 °C Ober- und Unterhitze vorheizen. 6 Den Mohn mahlen, mit dem Zucker in eine Schüssel geben, das Ei darüberschlagen, den Rum zugießen und zu einer gleichmäßigen Masse verrühren. Sollte die Mischung noch zu krümelig sein, noch etwas Wasser oder Milch zugeben, bis eine weiche, aber nicht flüssige Masse entsteht. 7 Den Teig aus dem Kühlschrank nehmen, auf einer leicht bemehlten Arbeitsfläche zu einem gut 1 cm dicken Rechteck ausrollen und die Füllung gleichmäßig darauf verteilen. An der längeren Kante aufrollen und der Länge nach durchschneiden. Die beiden Hälften spiralförmig ineinander aufwickeln und in eine gefettete 25 cm Kastenform geben. Mit etwas Milch bepinseln und im Backofen auf der mittleren Schiene 35 Minuten lang backen.

Tipp: Den Mohn können Sie mit einer einfachen Kaffeemühle mit Schlagwerk mahlen. Diesen Service bieten aber auch viele Bioläden an.

Brioche

Ein Traum aus knuspriger Kruste und butterzartem Kern! Die geringe Menge Zucker und die vergleichsweise große Menge Salz ergeben ein ideales Gebäck, um es mit Konfitüre zu essen. Es passt aber auch zu salzigen Gerichten gut.

½ Würfel Hefe oder
1 Tüte Trockenhefe
60 g Zucker
500 g Weizenmehl Type 550
2 TL Meersalz
6 Eier
250 g zimmerwarme Butter
Butter, für die Form
1 Eigelb, zum Bestreichen

Für 1 Brioche-Form (Ø 23 cm)

1 Am Vortag die Hefe zerbröckeln und mit dem Zucker mischen. Das Mehl in eine Schüssel sieben und das Salz darüberstreuen. In die Mitte eine Vertiefung drücken, die Eier und den Hefezucker hineingeben und mit dem Knethaken des Rührgeräts gut 5 Minuten lang kneten. Dann die Butter nach und nach in Würfeln hinzufügen und einarbeiten, bis ein glänzender, glatter und recht weicher Teig entstanden ist. Die Schüssel abdecken und den Teig über Nacht im Kühlschrank gehen lassen. 2 Am Folgetag den Teig mit dem Knethaken gut durchkneten und in eine zimmerwarme Schüssel geben. Abgedeckt nochmals an einem zugfreien, warmen Ort 2 Stunden lang gehen lassen. 3 Die Brioche-Form mit Butter einfetten und den Teig hineingeben. Nochmals abdecken und weitere 60 Minuten lang gehen lassen. 15 Minuten vor Ablauf der Gehzeit den Backofen auf 200 °C Ober- und Unterhitze vorheizen und eine Schale mit kochendem Wasser auf den Boden des Backofens stellen. 4 Die Brioche mit dem Eigelb einpinseln und auf der mittleren Schiene gut 1 Stunde lang backen (Stäbchenprobe). Abkühlen lassen, aus der Form nehmen und servieren.

Tipp: Der Teig geht im Backofen noch einmal kräftig auf und bildet durch die lange Backzeit und die hohe Temperatur an der Oberfläche eine kräftige, braune Kruste aus. Wer das nicht mag, kann die Brioche nach der Hälfte der Backzeit mit etwas Alufolie abdecken.

Martinsbrezel

Die Brezel gehört zu den verbreitetesten Gebildbroten in Deutschland. Die süße Version aus Hefeteig wird traditionell zum Martinstag oder zu Neujahr gebacken.

Für den Teig:

50 g Butter
250 ml Milch
500 g Weizenmehl Type 405
1 TL Salz
½ Würfel Hefe oder
1 Tüte Trockenhefe
60 g Zucker
1 Ei

Zum Bestreichen:

1 Ei

Für 1 Martinsbrezel

1 Die Butter schmelzen und die Milch dazugeben. Die Butter-Milch-Mischung sollte nur etwas mehr als zimmerwarm sein. Das Mehl mit dem Salz in eine ausreichend große Schüssel geben und in die Mitte eine Vertiefung drücken. Die Butter-Milch-Mischung hinzufügen, die Hefe zerkleinern und einrühren. Den Vorteig kurz gehen lassen. 2 Die restlichen Zutaten hinzufügen und den Teig mindestens 5 Minuten lang kneten. In dieser Zeit bekommt er eine glänzende Oberfläche und löst sich von der Schüssel ab. Danach weiter von Hand durchkneten und, wenn nötig, noch Mehl hinzufügen, bis der Teig nicht mehr an den Händen kleben bleibt und sich gut von der Schüssel löst. Die Schüssel mit einem angefeuchteten Küchentuch abdecken und den Teig an einem zugfreien, warmen Ort so lange gehen lassen, bis er sich mindestens verdoppelt hat. Das dauert ca. 45 Minuten. 3 Mit ein wenig Mehl vom Schüsselrand lösen und nochmals durchkneten. Auf die unbemehlte Arbeitsfläche geben und gut ein Viertel des Teiges mit einem Teigschaber abtrennen und zur Seite legen. Aus dem größeren Teigstück eine zu den Spitzen hin dünner werdende Rolle von gut 70 cm Länge formen und eine Bretzel daraus wickeln. Den restlichen Teig in drei gleich große Stücke teilen, zu gleich großen Rollen formen und einen kleinen Zopf daraus wickeln. Diesen auf den dickeren Teil der Bretzel setzen. 4 Den Backofen auf 180 °C Ober- und Unterhitze vorheizen und ein Schälchen mit kochendem Wasser hineinstellen. Ein Backblech mit Backpapier belegen. 5 Die Bretzel auf das Backblech legen und nochmals mit einem Küchentuch abgedeckt 20 Minuten lang gehen lassen. Das Ei verquirlen und die Bretzel damit einpinseln. Auf der mittleren Schiene gut 40 Minuten lang backen. Damit sie schön glänzt, die Bretzel sofort nach dem Herausnehmen aus dem Backofen mit Wasser besprühen.

Stollen

Was wäre das Weihnachtsfest ohne selbst gebackenen Stollen? Am besten lagert man ihn, in Pergamentpapier eingewickelt, mindestens eine Woche lang an einem kühlen Ort. Dann hat er das beste Aroma.

300 g Rosinen
je 50 g Orangeat und Zitronat
50 g Butter
200 ml zimmerwarme Milch
500 g Weizenmehl Type 550
1 Msp Salz
1 Würfel Hefe
2 Eier
3 El Honig
3 EL Zucker
100 g gemahlene Mandeln
1 Msp Nelkenpulver
1 Msp Muskat
1 Msp Kardamompulver
1 TL Zimt
40 ml Rum
100 g gehackte Mandeln oder Mandelstifte
150 g flüssige Butter, zum Einpinseln
Puderzucker, zum Bestäuben

Für 2 Stollen

1 Die Rosinen, das Orangeat und das Zitronat in ausreichend Wasser über Nacht einweichen. 2 Die Butter schmelzen und die Milch dazugeben. Die Butter-Milch-Mischung sollte nur etwas mehr als zimmerwarm sein. Das Mehl mit dem Salz in eine ausreichend große Schüssel geben und in die Mitte eine Vertiefung drücken. Die Butter-Milch-Mischung hinzufügen, die Hefe zerkleinern und einrühren. Den Vorteig kurz gehen lassen. 3 Die Eier, den Honig, den Zucker, die gemahlenen Mandeln und die Gewürze hinzufügen und den Teig mindestens 5 Minuten lang kneten. In dieser Zeit bekommt er eine glänzende Oberfläche und löst sich von der Schüssel ab. Danach weiter von Hand durchkneten und, wenn nötig, noch Mehl hinzufügen, bis der Teig nicht mehr an den Händen kleben bleibt und sich gut von der Schüssel löst. Die Schüssel mit einem angefeuchteten Küchentuch abdecken und den Teig an einem zugfreien, warmen Ort so lange gehen lassen, bis er sich mindestens verdoppelt hat. Das dauert ca. 45 Minuten. 4 Das Einweichwasser von Rosinen, Orangeat und Zitronat abgießen und alles mit dem Rum und den gehackten Mandeln vermengen. Die Mischung nach und nach zum Teig geben und durchkneten. 5 Den Teig in zwei gleichgroße Teile teilen, diese in eine flache und längliche Form bringen und auf ein mit Backpapier belegtes Blech geben. Mit einem Küchentuch abdecken und 45 Minuten lang an einem zugfreien, warmen Ort gehen lassen. Dann beide Teigplatten längs in der Mitte zur Stollenform falten und nochmals 30 Minuten lang abgedeckt gehen lassen. 6 Den Backofen auf 200 °C vorheizen. Die Stollen gut 20 Minuten lang backen, danach die Hitze auf 160 °C reduzieren und in weiteren 30 Minuten fertig backen. Die Stollen etwas abkühlen lassen, dann mit 150 g zerlassener Butter bepinseln und mit Puderzucker dick bestäuben.

Früchtebrot

In diesem Früchtebrot werden all die guten Zutaten verarbeitet, die der späte Sommer und der Herbst zu bieten haben.

400 g getrocknetes Obst (z.B. Äpfel, Birnen, Zwetschgen, Sauerkirschen, Mirabellen, Aprikosen, Heidelbeeren, Rosinen)
geriebene Schale und Saft von 1 unbehandelten Orange
250 g Weizenmehl Type 550
1 EL Zucker
½ Würfel Hefe
100 g ganze Haselnüsse
je ½ TL Zimt und Anis
je eine Msp Nelken und Piment
1 Pr Salz

Für 4 Früchtebrote

1 Die Früchte grob zerkleinern und mit der Orangenschale in eine Schüssel geben. Mit 500 ml Wasser und dem Orangensaft begießen und über Nacht abgedeckt kühlstellen. 2 Am nächsten Tag die Früchte im Sud kurz aufkochen und weitere 15 Minuten lang ziehen lassen. Durch einen Sieb abgießen und die Einweichflüssigkeit auffangen. 3 Das Mehl in eine Schüssel geben und den Zucker darüberstreuen. In die Mitte eine Vertiefung drücken und die Hefe hineinbröseln. 120 ml handwarmes Einweichwasser angießen und die Hefe vom Rand her mit etwas Mehl verrühren. Den Vorteig gut 15 Minuten lang abgedeckt gehen lassen. 4 Die Haselnüsse, die Früchte und die Gewürze dazugeben und zu einer kompakten Teigkugel verkneten, ggf. noch etwas Einweichflüssigkeit dazugeben. Abgedeckt bei Zimmertemperatur noch einmal 8 Stunden lang gehen lassen. 5 Den Backofen auf 180 °C Umluft vorheizen und ein Backblech mit Backpapier belegen. Mit feuchten Händen vier Laibe aus dem Teig formen und aufs Backblech legen. Die Brote gut 45 Minuten lang im Backofen auf der mittleren Schiene backen. Herausnehmen und mit dem restlichen Früchtesud einpinseln.

Tipp: Nach dem Abgießen des Früchtesuds können die vollgesogenen Früchte nach Belieben mit etwas Obstschnaps parfümiert werden.

Dinkel-Rosinen-Brötchen

Wenn der Duft von frisch gebackenen Brötchen durch das Haus zieht, dann weiß jeder: Es ist Frühstückszeit. Diese kleinen Brötchen bereichern jede Frühstückstafel und sind ganz einfach zuzubereiten.

Für den Teig:

100 g Rosinen
50 g Butter
250 ml Milch
500 g Dinkelmehl Type 630 oder, falls verfügbar, feiner ausgemahlenes Dinkelmehl
1 Pr Salz
½ Würfel Hefe oder 1 Tüte Trockenhefe
60 g Zucker
1 Ei
Mehl, für die Arbeitsfläche

Für den Belag:

1 Eigelb
3 EL Hagelzucker

Für 20 Stück

❶ Die Rosinen in lauwarmem Wasser 1 Stunde lang einweichen. Die Butter schmelzen und die Milch dazugeben. Die Butter-Milch-Mischung sollte nur etwas mehr als zimmerwarm sein. Das Mehl mit dem Salz in eine ausreichend große Schüssel geben und in die Mitte eine Vertiefung drücken. Die Butter-Milch-Mischung hineingeben, die Hefe zerkleinern und einrühren. Den Vorteig kurz gehen lassen. ❷ Die restlichen Zutaten hinzufügen und den Teig mindestens 5 Minuten lang kneten. In dieser Zeit bekommt der Teig eine glänzende Oberfläche und löst sich von der Schüssel ab. Danach weiter von Hand durchkneten und, wenn nötig, noch Mehl hinzufügen, bis der Teig nicht mehr an den Händen kleben bleibt und sich gut von der Schüssel löst. Die Schüssel mit einem angefeuchteten Küchentuch abdecken und den Teig an einem zugfreien, warmen Ort so lange gehen lassen, bis er sich mindestens verdoppelt hat. Das dauert ca. 45 Minuten. ❸ Den Backofen auf 175 °C Umluft vorheizen. ❹ Den Teig mit Mehl bestäuben, aus der Schüssel nehmen, auf eine bemehlte Arbeitsfläche geben und gut 2–3 cm dick ausrollen. Mit einem runden Ausstecher (Ø 6 cm) ca. 20 Kreise ausstechen. Diese auf ein mit Backpapier ausgelegtes Blech setzen. Mit dem Eigelb bepinseln, mit dem Hagelzucker bestreuen und 25–30 Minuten lang backen. Kurz abkühlen lassen und möglichst bald servieren.

Bagels mit Trockenfrüchten

Bagels sind ein gutes Beispiel dafür, wie vielseitig Hefeteig in der Küche verwendet werden kann. Vor dem Backen werden die Hefeteigkringel gekocht, was ihnen einen besonderen Geschmack und eine besondere Konsistenz verleiht.

500 g Weizenmehl Type 405
1 TL Salz
250 ml Wasser
½ Würfel Hefe oder
1 Tüte Trockenhefe
100 g gemischte und eingeweichte Trockenfrüchte (z.B. Aprikosen, Äpfel, Zwetschgen, Birnen)
80 g Zucker
1 Ei
1 TL Zimt
1 EL Honig oder Zucker

Für 16 Stück

1 Das Mehl mit dem Salz in eine ausreichend große Schüssel geben und in die Mitte eine Vertiefung drücken. 250 ml lauwarmes Wasser hineingeben, die Hefe zerkleinern und einrühren. Den Vorteig kurz gehen lassen. 2 Die Trockenfrüchte auf Rosinengröße zerkleinern und mit dem Zucker, dem Ei und dem Zimt hinzufügen. Den Teig mindestens 5 Minuten lang kneten. In dieser Zeit bekommt er eine glänzende Oberfläche und löst sich von der Schüssel ab. Danach weiter von Hand durchkneten und, wenn nötig, noch Mehl hinzufügen, bis der Teig nicht mehr an den Händen kleben bleibt und sich gut von der Schüssel löst. Die Schüssel mit einem angefeuchteten Küchentuch abdecken und den Teig an einem zugfreien, warmen Ort so lange gehen lassen, bis er sich mindestens verdoppelt hat. Das dauert ca. 45 Minuten. 3 Den Teig in 16 Teile aufteilen und zu Kugeln formen. Mit einem Kochlöffel in der Mitte durchstechen und am Kochlöffel formen, bis ein mehrere Zentimeter breites Loch in der Mitte entstanden ist. Auf einem mit Backpapier belegten Blech abgedeckt nochmals gut 30 Minuten lang gehen lassen. 4 In einem großen, flachen Topf gut zwei Liter Wasser mit einem Löffel Honig oder Zucker zum Sieden bringen und den Backofen auf 200 °C Ober- und Unterhitze vorheizen. Die Bagels einzeln in das sanft kochende Wasser geben und gut 30 Sekunden lang von jeder Seite im Wasser ziehen lassen. Mit einer Schaumkelle herausnehmen und wieder auf das Blech zurückgeben. 5 Die Bagels im Backofen in gut 20 Minuten hellbraun backen und möglichst frisch verzehren. Dazu passt z.B. Quittengelee, Orangen- oder Zitronenmarmelade.

Franzbrötchen

In Hamburg sind sie zu Hause, doch mittlerweile erobern sie die Bäckereien in ganz Deutschland. Diese süßen Brötchen voller Zimtaroma sind aber auch einfach köstlich!

Für den Teig:

50 g Butter
250 ml zimmerwarme Milch
500 g Mehl
3 g Salz
½ Würfel Hefe oder
1 Tüte Trockenhefe
3 EL Zucker
1 Ei

Für die Füllung:

120 g Rohrzucker
2 TL Zimt
80 g zerlassene, zimmerwarme Butter

Für ca. 16 Stück

1 Die Butter schmelzen und die Milch dazugeben. Die Butter-Milch-Mischung sollte nur etwas mehr als zimmerwarm sein. Das Mehl mit dem Salz in eine ausreichend große Schüssel geben und in die Mitte eine Vertiefung drücken. Die Butter-Milch-Mischung hineingeben, die Hefe zerkleinern und einrühren. Den Vorteig kurz gehen lassen. 2 Die restlichen Zutaten hinzufügen und den Teig mindestens 5 Minuten lang kneten. In dieser Zeit bekommt er eine glänzende Oberfläche und löst sich von der Schüssel ab. Danach weiter von Hand durchkneten und, wenn nötig, noch Mehl hinzufügen, bis der Teig nicht mehr an den Händen kleben bleibt und sich gut von der Schüssel löst. Die Schüssel mit einem angefeuchteten Küchentuch abdecken und den Teig an einem zugfreien, warmen Ort so lange gehen lassen, bis er sich mindestens verdoppelt hat. Das dauert ca. 45 Minuten. 3 Den Backofen auf 175 °C Umluft vorheizen. 4 Den Teig nochmals durchkneten und auf einer leicht bemehlten Arbeitsfläche gut 8 mm dick zu einem Rechteck ausrollen. Den Rohrzucker mit dem Zimt mischen. Den Teig mit der zerlassenen Butter bepinseln, gleichmäßig mit der Zuckermischung bestreuen und zu einer Rolle wickeln. In ca. 4 cm breite Stücke schneiden und jedes Stück der Länge nach mit einem Kochlöffel flach drücken.
5 Die Franzbrötchen auf ein mit Backpapier belegtes Backblech verteilen. Nochmals 15 Minuten lang abgedeckt an einem zugfreien, warmen Ort gehen lassen und anschließend auf der mittleren Schiene gut 18 Minuten lang backen.

Croissants

Croissants selbst herzustellen braucht etwas Zeit, aber die Mühe lohnt sich! Mir schmecken diese köstlichen, buttrigen Hörnchen am besten ganz frisch gebacken und pur mit einer großen Tasse Kaffee.

500 g Weizenmehl Type 550
3 g Salz
250 ml handwarmes Wasser
½ Würfel Hefe oder 1 Tüte Trockenhefe
2 EL Zucker
200 g Butter
1 Eigelb

Für 8–10 Croissants

1 Das Mehl mit dem Salz in eine ausreichend große Schüssel geben und in die Mitte eine Vertiefung drücken. Das handwarme Wasser hineingeben, die Hefe zerkleinern und einrühren. Den Vorteig kurz gehen lassen. 2 Den Zucker hinzufügen und den Teig mindestens 5 Minuten lang kneten. In dieser Zeit bekommt er eine glänzende Oberfläche und löst sich von der Schüssel ab. Danach weiter von Hand durchkneten und, wenn nötig, noch Mehl hinzufügen, bis der Teig nicht mehr an den Händen kleben bleibt und sich gut von der Schüssel löst. In einer abgedeckten Schüssel gut 45 Minuten im Kühlschrank gehen lassen. 3 Die Butter in 2 cm dicke Scheiben schneiden und nebeneinander auf ein 40 cm langes Stück Frischhaltefolie legen, einschlagen und zu einer 1 cm dicken Butterplatte ausrollen. Im Kühlschrank 20 Minuten lang auskühlen lassen. 4 Den Teig auf die doppelte Größe der Butterplatte ausrollen, die Butterplatte ohne die Folie auf den Teig legen und diese darin einschlagen. Auf der nur leicht bemehlten Arbeitsfläche auf die doppelte Länge ausrollen und die Teigbahn zur Mitte hin von beiden Seiten aus falten. Es entsteht ein Rechteck mit dem Seitenverhältnis 1:2. Den Teig-Butter-Block in Folie wickeln und nochmals gut 20 Minuten lang in den Kühlschrank stellen. Den Roll- und Faltvorgang mit Kühlung zweimal wiederholen. Dabei sollte zügig gearbeitet werden, damit Teig und Butter möglichst kühl bleiben. 5 Dann den Teig zu einem Rechteck ausrollen, in Dreiecke schneiden und diese zu Hörnchen aufrollen. Die Croissants auf ein mit Backpapier belegtes Backblech geben, mit einem angefeuchteten Tuch bedecken und nochmals 30 Minuten lang gehen lassen. 6 Den Backofen auf 175 °C Umluft vorheizen. 7 Das Eigelb mit etwas Wasser verrühren und die Croissants damit bestreichen. Im Backofen auf mittlerer Schiene etwa 20 Minuten lang backen, bis die Hörnchen goldbraun und wunderbar aufgegangen sind.

Tipp: Sie können die Croissants auch nach Belieben füllen, z.B. mit Konfitüre oder mit grob gehackter Schokolade.

Kleingebäck

Flachswickel

Flachswickel sind ein schwäbisches Traditionsrezept. Interessant an ihnen ist der Gegensatz von ungesüßtem Teig und der Umhüllung mit Hagelzucker.

Für den Teig:

¼ Würfel Hefe
100 ml Milch
100 g kalte Butter
250 g Weizenmehl Type 405
1 Ei
1 Msp Salz

Zum Bestreuen:

Hagelzucker

Für 16 Stück

1 Die Hefe in der zimmerwarmen Milch auflösen. Die Butter in Würfel schneiden und mit allen Zutaten mit der Küchenmaschine oder besser von Hand zügig zu einer Teigkugel verkneten. Die Butter darf noch erkennbar sein. 2 Den Teig in 16 Teile aufteilen. Jedes Teil mit Hagelzucker bestreuen und zu einem Strang formen. Diesen in der Mitte falten und die Teigenden umeinander wickeln. Je 8 Stück von den Flachswickeln auf ein Backblech legen und an einem kühlen Ort gut 1 Stunde gehen lassen. 3 Den Backofen auf 180 °C Umluft vorheizen. 4 Die Flachswickel in 20 Minuten goldbraun backen.

Tipp: Flachswickel lassen sich in einer mit Pergament ausgelegten, verschließbaren Kiste gut lagern und schmecken auch nach einigen Tagen noch sehr gut.

Streuselküchlein

Diese Küchlein gehören zu meinen Lieblingsrezepten und werden bei mir zu Hause regelmäßig zubereitet. Ein Traditionsrezept zum Hineinlegen!

Für den Teig:

50 g Butter
250 ml Milch
500 g Weizenmehl Type 405
1 Pr Salz
½ Würfel Hefe oder
1 Tüte Trockenhefe
60 g Zucker
1 Ei

Für die Füllung:

350 g Obst der Saison
(z.B. Aprikosen, Kirschen, Zwetschgen, Äpfel)

Für die Streusel:

100 g Mehl Type 405
100 g gemahlene Haselnüsse
100 g Zucker
150 g Butter

Für 16 Stück

(1) Die Butter schmelzen und die Milch dazugeben. Die Butter-Milch-Mischung sollte nur etwas mehr als zimmerwarm sein. Das Mehl mit dem Salz in eine ausreichend große Schüssel geben und in die Mitte eine Vertiefung drücken. Die Butter-Milch-Mischung hineingeben, die Hefe zerkleinern und einrühren. Den Vorteig kurz gehen lassen. (2) Die restlichen Zutaten hinzufügen und den Teig mindestens 5 Minuten lang kneten. In dieser Zeit bekommt er eine glänzende Oberfläche und löst sich von der Schüssel ab. Danach weiter von Hand durchkneten und, wenn nötig, noch Mehl hinzufügen, bis der Teig nicht mehr an den Händen kleben bleibt und sich gut von der Schüssel löst. Die Schüssel mit einem angefeuchteten Küchentuch abdecken und den Teig an einem zugfreien, warmen Ort so lange gehen lassen, bis er sich mindestens verdoppelt hat. Das dauert ca. 45 Minuten. (3) Das Obst in kleine Würfel schneiden. Den Teig mit bemehlten Händen durchkneten und in 16 Teile teilen. Die Teile ausrollen, das Obst in die Mitte geben und ggf. etwas nachzuckern. Den Teig zu einer Kugel schließen und zusammendrücken. Bei allen 16 Teilen wiederholen, auf ein mit Backpapier ausgelegtes Blech legen und abgedeckt nochmals 15 Minuten lang gehen lassen.
(4) Den Backofen auf 180 °C Ober- und Unterhitze vorheizen.
(5) Für die Streusel das Mehl, die Haselnüsse, den Zucker und 100 g kalte Butter mit den Fingern zu Streuseln verkneten. Die restliche Butter zerlassen, jedes Küchlein eintunken und gleich danach in die Streusel tunken. (6) Auf ein mit Backpapier belegtes Blech legen und gut 30 Minuten lang backen.

Tipp: Wenn Sie die Küchlein nicht am gleichen Tag servieren möchten, sollten sie nicht in einem geschlossenen Behälter aufbewahrt werden, weil durch die feuchte Füllung die Streusel weich werden und abfallen. Sie halten sich besser in einer mit einem sauberen Handtuch abgedeckten Schüssel.

Walnussschnecken

Mein Alltagsklassiker – die Schneckennudeln schmecken auch zum Frühstück sehr lecker und lassen sich gut einfrieren.

Für den Teig:

50 g Butter
250 ml Milch
500 g Dinkelmehl Type 630
1 Pr Salz
½ Würfel Hefe oder
1 Tüte Trockenhefe
60 g Zucker
1 Ei
Mehl, für die Arbeitsfläche

Für die Füllung:

250 g gemahlene Walnüsse
1 Ei
150 g Zucker
1 EL Rum oder Orangenlikör
Milch, zum Bestreichen

Für 16–20 Stück

1 Die Butter schmelzen und die Milch dazugeben. Die Butter-Milch-Mischung sollte nur etwas mehr als zimmerwarm sein. Das Mehl mit dem Salz in eine ausreichend große Schüssel geben und in die Mitte eine Vertiefung drücken. Die Butter-Milch-Mischung hineingeben, die Hefe zerkleinern und einrühren. Den Vorteig kurz gehen lassen. **2** Den Zucker und das Ei hinzufügen und den Teig mindestens 5 Minuten lang kneten. In dieser Zeit bekommt er eine glänzende Oberfläche und löst sich von der Schüssel ab. Danach weiter von Hand durchkneten und, wenn nötig, noch Mehl hinzufügen, bis der Teig nicht mehr an den Händen kleben bleibt und sich gut von der Schüssel löst. Die Schüssel mit einem angefeuchteten Küchentuch abdecken und den Teig an einem zugfreien, warmen Ort so lange gehen lassen, bis er sich mindestens verdoppelt hat. Das dauert ca. 45 Minuten. **3** Den Backofen auf 175 °C Umluft vorheizen. Ein Backblech mit Backpapier belegen. **4** Für die Füllung die Nüsse, das Ei, den Zucker und den Rum in eine Schüssel geben und mischen. Sie sollte nicht mehr auseinanderfallen. Wenn zu wenig Flüssigkeit in der Füllung ist, vorsichtig etwas Wasser hinzufügen und zur Seite stellen. **5** Den Teig mit etwas Mehl bestäuben, aus der Schüssel nehmen und auf einer bemehlten Arbeitsfläche ca. 1 cm dick ausrollen. Die Füllung gleichmäßig auf dem Teig verteilen und den Teig von der längeren Kante her zusammenrollen. Die entstandene Rolle in 16–20 Sücke schneiden und die Schnecken mit gleichmäßigem Abstand auf das Backblech setzen. Mit Milch bepinseln und gut 35 Minuten lang backen.

Teigtaschen mit süßer Kürbisfüllung

Wenn im Herbst die Kürbissaison beginnt, bereite ich gerne diese süßen Kürbistaschen zu. Die ungewöhnliche Füllung wird Ihre Gäste begeistern!

Für den Teig:

25 g Butter
250 ml Milch
500 g Dinkelmehl Type 630
1 Pr Salz
½ Würfel Hefe oder
1 Tüte Trockenhefe
60 g Zucker
1 kleines Ei
Mehl, für die Arbeitsfläche

Für die Füllung:

1 kleiner oder halber
Butternutkürbis
25 g Butter
1 Ei
5 EL grob gehackte Haselnüsse
2 EL Rosinen
2–3 EL Zucker
1 TL Zimt
1 Msp Nelkenpulver
geriebene Schale von
½ unbehandelten Orange
Milch, zum Bestreichen

Für ca. 20 Stück

(1) Die Butter schmelzen und die Milch dazugeben. Die Butter-Milch-Mischung sollte nur etwas mehr als zimmerwarm sein. Das Mehl mit dem Salz in eine ausreichend große Schüssel geben und in die Mitte eine Vertiefung drücken. Die Butter-Milch-Mischung hineingeben, die Hefe zerkleinern und einrühren. Den Vorteig kurz gehen lassen. (2) Den Zucker und das Ei hinzufügen und den Teig mindestens 5 Minuten lang kneten. In dieser Zeit bekommt er eine glänzende Oberfläche und löst sich von der Schüssel ab. Danach weiter von Hand durchkneten und, wenn nötig, noch Mehl hinzufügen, bis der Teig nicht mehr an den Händen kleben bleibt und sich gut von der Schüssel löst. Die Schüssel mit einem angefeuchteten Küchentuch abdecken und den Teig an einem zugfreien, warmen Ort so lange gehen lassen, bis er sich mindestens verdoppelt hat. Das dauert ca. 45 Minuten. (3) Während der Teig geht, den Kürbis halbieren, schälen, vom Kerngehäuse befreien und in kleine Würfel schneiden. Mit der Butter und 5 EL Wasser in einem Topf erhitzen und abgedeckt dämpfen bis das Kürbisfleisch zerfällt. Mit einer Gabel zerdrücken und abkühlen lassen. (4) Das Ei trennen. Das Eiweiß, die Haselnüsse, die Rosinen, den Zucker, die Gewürze und die Orangenschale dazugeben und zur Füllung zusammenrühren. Abschmecken und ggf. noch nachwürzen. (5) Den Backofen auf 200 °C Ober- und Unterhitze vorheizen. (6) Den Teig auf einer bemehlten Arbeitsfläche dünn ausrollen und mit dem Teigrad in 10–12 cm große Quadrate teilen. Das Eigelb mit etwas Milch verrühren. Einen Klecks Füllung in die Mitte geben und mit einem Backpinsel zwei Kanten mit der Eiermilch bepinseln. Das Quadrat zur Tasche falten und am Rand andrücken. (7) Ein Backblech mit Backpapier belegen und die Taschen mit etwas Abstand aufs Blech legen. Mit der restlichen Eiermilch einpinseln und auf der mittleren Schiene gut 25 Minuten lang backen, bis die Taschen eine schöne Farbe bekommen haben.

Tipp: Die Taschen lassen sich gut einfrieren. Tauen Sie die Taschen rechtzeitig vor dem Servieren auf und erwärmen Sie sie kurz im Backofen. Noch warm schmecken sie am besten.

Stollenkonfekt

Der Weihnachtsklassiker, mundgerecht portioniert, bereichert jeden bunten Teller in der Weihnachtsstube!

100 g Rosinen
6 cl Rum
100 g Zitronat
200 g gehackte Mandeln
250 g Weizenmehl Type 550
½ Würfel Hefe oder
1 Tüte Trockenhefe
80 ml Milch
1 Ei
5 EL Zucker
1 Pr Salz
200 g Butter
100 g sehr fein gemahlene Mandeln
1 TL Zimt
je eine Msp gemahlener Kardamom, Nelke, Piment, Muskatblüte
Puderzucker, zum Bestäuben

Für ca. 60 Stück

1 Die Rosinen über Nacht im Rum einweichen. 2 Am Folgetag das Zitronat fein hacken und mit 3 EL gehackten Mandeln zu den Rumrosinen geben. Das Mehl in eine Schüssel geben, die Hefe hineinbröckeln und mit der Milch, dem Ei, dem Zucker und dem Salz mindestens 5 Minuten lang mit dem Rührgerät zu einem glatten Teig verrühren. Abgedeckt bei Zimmertemperatur ca. 45 Minuten lang zur doppelten Größe aufgehen lassen. 3 100 g zimmerwarme Butter, die Mandel-Rosinen-Zitronat-Rum-Mischung, die gemahlenen Mandeln und die Gewürze zum Teig geben und gleichmäßig unterrühren. Nochmals abgedeckt gut 15 Minuten lang gehen lassen. 4 Den Backofen auf 175 °C Umluft vorheizen. Mit einem Löffel walnussgroße Stücke von der Teigmasse abstechen und in lockerem Abstand auf zwei mit Backpapier belegte Blech verteilen. Das Stollenkonfekt noch einmal zugfrei mindestens 15 Minuten lang gehen lassen. 5 Nacheinander die Bleche auf der mittleren Schiene 18 Minuten lang backen. Währenddessen die restliche Butter schmelzen, das noch warme Gebäck damit großzügig einpinseln und gleich großzügig mit Puderzucker bestäuben. In einer geschlossenen Dose kann das Gebäck gut gelagert werden.

Tipp: Eine köstliche Variation ist die Zubereitung mit getrocknetem Obst wie Äpfeln, Birnen und Zwetschgen statt der Rosinen und Walnüssen oder Haselnüssen statt der Mandeln. So wird aus dem Stollenkonfekt ein Früchtekonfekt.

Hefewaffeln mit Amaranthpops und Birnenkompott

Die Amaranthpops verleihen den Hefewaffeln eine spannende Textur. Ein gutes Kompott und geschlagene Sahne sind die perfekten Begleiter.

Für die Waffeln:

200 g Weizenmehl Type 550
½ TL Trockenhefe oder
5 g frische Hefe
1 Ei
300 ml Milch
1 EL Zucker
1 Pr Salz
50 g zerlassene Butter
3 EL Amaranthpops
Pflanzenöl, für das Waffeleisen

Für das Kompott:

4 Birnen, z.B. Alexander Lukas
½ Stange Zimt oder
1 TL Zimtblüte
¼ Sternanis
2 EL Zucker
100 ml Apfelsaft
1 TL Speisestärke

Für 4 Personen

1 Am Vortag das Mehl in eine große Schüssel geben und eine Vertiefung hineindrücken. Die Hefe, das Ei, die Milch, den Zucker und das Salz in die Mulde geben und die Hefe einrühren. Den Teig mit einem Schneebesen schlagen, bis ein gleichmäßiger Teig entsteht, dann die zerlassene, abgekühlte Butter dazugeben. Der Teig sollte eher dünnflüssig sein, ggf. noch etwas Milch angießen. Mit einem Deckel zudecken und kühl, trocken und zugfrei bis zum kommenden Tag gehen lassen. 2 Am nächsten Tag das Waffeleisen erhitzen und mit etwas Pflanzenöl einfetten. Den Teig zusammen mit den Amaranthpops aufschlagen und portionsweise ins Waffeleisen gießen. Die Waffeln backen, bis sie den gewünschten Bräunungsgrad erreicht haben. Herausnehmen, auf einem Gitter abdampfen lassen und noch warm servieren. 3 Für das Kompott die Birnen waschen, schälen, vom Kerngehäuse befreien und achteln. In einem Topf den Zimt und den Sternanis leicht anrösten und mit dem Zucker und dem Apfelsaft aufkochen. In einem kleinen Glas die Speisestärke mit etwas Wasser verrühren, zum Sud geben und nochmals aufkochen. Der Sud sollte andicken, aber nicht stocken. Die Birnen dazugeben und nochmals aufkochen. Kurz bei geringer Hitze köcheln lassen und vom Herd nehmen. Die Birnen sollten nach dem Abkühlen noch einen leichten Biss haben.

Ensaimada

Besonders lecker an diesem mallorquinischen Gebäck ist der wunderbare Gegensatz von krosser Kruste und zartem Innenleben. Frisch serviert sind sie einfach himmlisch.

Für den Vorteig:

100 g Dinkelmehl Type 630
100 ml Wasser
1 Msp frische Hefe oder
1 Msp Trockenhefe

Für den Teig:

250 g Dinkelmehl Type 630
80 g Rohrzucker
1/3 Würfel Hefe
1 Ei
50 ml Wasser
½ TL Salz
100 g zerlassenes Schweineschmalz oder Butter
Puderzucker, zum Bestäuben

Für 8 Stück

(1) Am Vortag die Zutaten für den Vorteig zusammenrühren und bei Raumtemperatur 24 Stunden lang gehen lassen. (2) Am nächsten Tag das Mehl mit dem Vorteig und den anderen Zutaten außer dem Schmalz zu einem geschmeidigen, sehr elastischen Teig verkneten und 1 Stunde lang gehen lassen. Den Teig in 8 Teile teilen und auf einem mit Mehl bestäubten Küchentuch länglich ausrollen. Jedes der Teigstücke mit zerlassenem Schmalz oder zerlassener Butter bestreichen und mit dem Küchentuch wie bei einem Strudelteig zusammenrollen. Aus der entstandenen Rolle eine Schnecke formen. Je 4 davon auf ein Blech setzen und an einem kühlen Ort nochmals 1–2 Stunden gehen lassen. (3) Den Backofen auf 210 °C Ober- und Unterhitze vorheizen und die Ensaimada darin in gut 18 Minuten goldbraun backen. Für eine schönere Krustenbildung kann eine Metallschüssel mit kochendem Wasser in den Backofen gestellt werden. Kurz abkühlen lassen und noch lauwarm dick mit Puderzucker bestreuen. Am besten sofort servieren.

Berliner mit Quittengeleefüllung

Diese Berliner sind eine Art Hefeteigpraline, denn sie sind etwas kleiner und feiner als die beim Bäcker erhältlichen Exemplare.

Für den Teig:

50 g Butter
250 ml Milch
500 g Weizenmehl Type 550
1 Pr Salz
½ Würfel Hefe oder
1 Tüte Trockenhefe
60 g Zucker
1 Ei
Mehl, für die Arbeitsfläche

Für die Füllung:

Quittengelee oder ein anderer guter Fruchtaufstrich

Zum Frittieren:

500 ml Sonnenblumenöl
100 g Zucker- und Zimtmischung, zum Wälzen

Für ca. 40 Stück

1 Die Butter schmelzen und die Milch dazugeben. Die Butter-Milch-Mischung sollte nur etwas mehr als zimmerwarm sein. Das Mehl mit dem Salz in eine ausreichend große Schüssel geben und in die Mitte eine Vertiefung drücken. Die Butter-Milch-Mischung hineingeben, die Hefe zerkleinern und einrühren. Den Vorteig kurz gehen lassen. 2 Den Zucker und das Ei hinzufügen und den Teig mindestens 5 Minuten lang kneten. In dieser Zeit bekommt er eine glänzende Oberfläche und löst sich von der Schüssel ab. Danach weiter von Hand durchkneten und, wenn nötig, noch Mehl hinzufügen, bis der Teig nicht mehr an den Händen kleben bleibt und sich gut von der Schüssel löst. Die Schüssel mit einem angefeuchteten Küchentuch abdecken und den Teig an einem zugfreien, warmen Ort so lange gehen lassen, bis er sich mindestens verdoppelt hat. Das dauert ca. 45 Minuten. 3 Den Teig mit wenig Mehl vom Schüsselrand lösen und nochmals durchkneten. Anschließend den Teig auf eine bemehlte Arbeitsfläche geben, ca. 1 cm dick ausrollen und mit einem kreisförmigen Ausstecher (Ø 8 cm) Kreise ausstechen. Auf einen Kreis in die Mitte einen Tupfer Gelee geben, die Teigränder darüber zusammendrücken und eine Kugel formen. Darauf achten, dass diese gut geschlossen ist und etwas flach drücken. Mit allen anderen Kreisen genauso verfahren. 4 In einem kleinen Topf (Ø 18 cm) das Öl auf gut 160 °C erhitzen. Überprüfen lässt sich das mit einem Thermometer oder dem Stiel eines Holzrührlöffels, an dessen Ende sich im Fett Blasen bilden, wenn es heiß genug ist. Mehrere Berliner gleichzeitig von jeder Seite 1–2 Minuten frittieren und dabei darauf achten, dass das Öl nicht zu sehr abkühlt. Mit einer Schöpfkelle herausnehmen und auf einem mit Küchenkrepp belegten Gitter abtropfen lassen. 5 Die Zimt-Zucker-Mischung in einen Teller geben und die Berliner darin wälzen.

Tipp: Das Öl zum Frittieren sollte wasserfrei sein. Von den heimischen Ölen eignet sich besonders gut Sonnenblumenöl. Auch Rapsöl funktioniert, hat aber mehr Eigengeschmack. Auch Butterschmalz erlaubt hohe Temperaturen und hat einen guten Eigengeschmack.

Apfelkrapfen

Frisch frittiert und in Zimt und Zucker gewälzt sind diese kleinen Krapfen eine Köstlichkeit für Groß und Klein!

Für den Teig:

50 g Butter
200 ml Milch
500 g Weizenmehl Type 550
1 Pr Salz
½ Würfel Hefe oder
1 Tüte Trockenhefe
60 g Zucker
1 Ei

Für die Füllung:

2 mittelgroße, säuerliche Äpfel

Zum Frittieren:

700 ml Öl zum Frittieren (z.B. Sonnenblumenöl oder ein anderes hoch erhitzbares Öl)
100 g Zucker- und Zimtmischung, zum Wälzen

Für ca. 50 Stück

1 Die Butter schmelzen und die Milch dazugeben. Die Butter-Milch-Mischung sollte nur etwas mehr als zimmerwarm sein. Das Mehl mit dem Salz in eine ausreichend große Schüssel geben und in die Mitte eine Vertiefung drücken. Die Butter-Milch-Mischung hineingeben, die Hefe zerkleinern und einrühren. Den Vorteig kurz gehen lassen. 2 Die restlichen Zutaten hinzufügen und den Teig mindestens 5 Minuten lang kneten. In dieser Zeit bekommt er eine glänzende Oberfläche und löst sich von der Schüssel ab. Danach weiter von Hand durchkneten und, wenn nötig, noch Mehl hinzufügen, bis der Teig nicht mehr an den Händen kleben bleibt und sich gut von der Schüssel löst. Die Schüssel mit einem angefeuchteten Küchentuch abdecken und den Teig an einem zugfreien, warmen Ort so lange gehen lassen, bis er sich mindestens verdoppelt hat. Das dauert ca. 45 Minuten. 3 Die Äpfel schälen, vierteln und vom Kerngehäuse befreien. Auf einer groben Reibe raspeln oder fein würfeln und unter den Teig kneten. Dabei hilft etwas zusätzliches Mehl. 4 Das Fett in einem mittelgroßen Topf auf 160 °C erhitzen. Überprüfen lässt sich das mit einem Thermometer oder dem Stiel eines Holzrührlöffels, an dessen Ende sich im Fett Blasen bilden, wenn es heiß genug ist. Den Teig ausrollen und in Rauten schneiden. Die Rauten in das 160 °C heiße Fett gleiten lassen und von beiden Seiten frittieren. Mit einer Schöpfkelle herausnehmen und auf einem mit Küchenkrepp belegten Gitter abtropfen lassen. 5 Die Zucker- und Zimtmischung in einen Teller geben und die Krapfen darin wälzen. Sie schmecken noch ganz leicht warm am allerbesten.

Tipp: Das Öl kann mehrfach wiederverwendet werden, wenn es nicht zu hoch erhitzt wurde. Dafür das noch leicht warme Öl durch einen Kaffeefilter gießen und von Trübstoffen befreien. Danach kann es wieder in die Originalflasche gefüllt werden, sollte danach aber nur noch zum Frittieren genutzt und zügig verbraucht werden.

Buchteln mit Vanillesauce

Warme Buchteln, in einer kalten Vanillesauce serviert – dieses Gericht gehört für mich zu den schönsten kulinarischen Kindheitserinnerungen.

Für die Buchteln:

100 g zimmerwarme Butter
60 g Zucker
1 Ei
2 Eigelb
500 g Weizenmehl Type 405
250 ml Milch
1 Pr Salz
½ Würfel Hefe oder
1 Tüte Trockenhefe
1 Eigelb, zum Einpinseln
Sahne oder Milch, zum
Bestreichen

Für die Vanillesauce:

500 ml Vollmilch
1 Vanilleschote
4 Eier
4 EL Zucker

Für 16 Stück

1 Für den Teig die Butter, den Zucker, das Ei und die zwei Eigelbe schaumig rühren und zur Seite stellen. Das Mehl in eine Schüssel geben, eine Mulde hineindrücken, die handwarme Milch und die Prise Salz in die Mulde geben und die Hefe hineinbröckeln. Die Hefe in der Milch auflösen und vom Rand her so viel Mehl mit einrühren, dass ein weicher Teig entsteht. Diesen 15 Minuten lang abgedeckt an einem warmen Ort gehen lassen. 2 Dann die Butter-Zucker-Mischung dazugeben und kräftig kneten, bis das ganze Mehl verarbeitet ist und sich der Teig vom Rand löst. Nochmals abgedeckt 30 Minuten lang gehen lassen. 3 Den Backofen auf 180 °C Ober- und Unterhitze vorheizen. Den Teig in 16 Teile teilen und zu Brötchen formen. Das Eigelb mit etwas Sahne oder Milch mischen und damit die Brötchen bepinseln. Auf der mittleren Schiene gut 24 Minuten lang backen, bis die Buchteln schön braun sind und glänzen. 4 In der Zwischenzeit die Milch mit der Vanilleschote aufkochen und wenige Minuten köcheln lassen. Die Schote aus der Milch entfernen, aufschneiden, das Mark herauskratzen und in die Milch einrühren. Die Milch vom Herd nehmen. Die Eier trennen und zwei Eiweiß zu Eischnee aufschlagen. Die Eigelbe und den Zucker mischen und kräftig schaumig rühren. Mit dem Schneebesen unter die noch heiße Milch mischen und weiterrühren. Die Masse nochmals vorsichtig erhitzen, ohne sie zum Kochen zu bringen, dabei immer weiter rühren, bis die Sauce andickt. Abkühlen lassen und den Eischnee unterheben. Die Vanillesauce in einen tiefen Teller geben und eine noch lauwarme Buchtel hineinbröckeln.

Dampfnudeln

Dampfnudeln sind eine weitere schwäbische Spezialität, die Kindheitserinnerungen weckt. Bei uns daheim gab es zu den Dampfnudeln je nach Jahreszeit eine Sauce aus frischen, kurz aufgekochten Beeren. Besonders beliebt bei den Kindern war die Heidelbeersauce, von meiner Oma „Heidelbeertunk" genannt, weil sie vorzüglich schmeckte und den Rachenraum so wunderbar lila färbte.

Für den Teig:

50 g Butter
250 ml Milch
500 g Weizenmehl Type 405
1 Pr Salz
½ Würfel Hefe oder
1 Tüte Trockenhefe
60 g Zucker
1 Ei
Mehl, für die Arbeitsfläche

Zum Dämpfen:

50 g Butter
200 ml Milch

Für 15–20 Stück

1 Die Butter schmelzen und die Milch dazugeben. Die Butter-Milch-Mischung sollte nur etwas mehr als zimmerwarm sein. Das Mehl mit dem Salz in eine ausreichend große Schüssel geben und in die Mitte eine Vertiefung drücken. Die Butter-Milch-Mischung hineingeben, die Hefe zerkleinern und einrühren. Den Vorteig kurz gehen lassen. 2 Den Zucker und das Ei hinzufügen und den Teig mindestens 5 Minuten lang kneten. In dieser Zeit bekommt er eine glänzende Oberfläche und löst sich von der Schüssel ab. Danach weiter von Hand durchkneten und, wenn nötig, noch Mehl hinzufügen, bis der Teig nicht mehr an den Händen kleben bleibt und sich gut von der Schüssel löst. Die Schüssel mit einem angefeuchteten Küchentuch abdecken und den Teig an einem zugfreien, warmen Ort so lange gehen lassen, bis er sich mindestens verdoppelt hat. Das dauert ca. 45 Minuten. 3 Den Teig aus der Schüssel nehmen, auf eine bemehlte Arbeitsfläche geben und auf gut 4 cm flachdrücken. Mit dem bemehlten Rand eines Glases Küchlein ausstechen. In zwei große Töpfe (je ca. Ø 25 cm) je ca. 100 ml Milch und ein gutes Stück Butter geben. Die Milch erhitzen, die Butter schmelzen lassen und je ca. 8–10 Dampfnudeln hinzufügen. Weiter erhitzen und bei kleiner Flamme zugedeckt köcheln lassen, bis es anfängt, aromatisch zu duften. Dann ist die Milch verdampft und der Milchzucker fängt an, zu karamellisieren. Das dauert ca. 12 Minuten. Während des Kochvorgangs sollte der Deckel nicht geöffnet werden. Durch abtropfendes Wasser können die Nudeln sonst in sich zusammenfallen. Sofort mit Zucker und Zimt und zerlassener Butter servieren.

Zwieback

Zwieback ist ein etwas in Vergessenheit geratenes Hefegebäck – zu Unrecht, wie ich finde. Durch seine hervorragende Haltbarkeit lässt sich der Zwieback wunderbar auf Vorrat zubereiten und so jederzeit genießen.

500 g Weizenmehl Type 550 oder Dinkelmehl Type 630
1 TL Salz
2 TL Anissamen
250 ml Milch
½ Würfel Hefe oder 1 Tüte Trockenhefe
60 g Zucker

Für ca. 30 Stück

(1) Das Mehl mit dem Salz und den Anissamen in eine ausreichend große Schüssel geben und in die Mitte eine Vertiefung drücken. Die lauwarme Milch hineingeben, die Hefe zerkleinern und einrühren. Den Vorteig kurz gehen lassen. (2) Den Zucker hinzufügen und den Teig mindestens 5 Minuten lang kneten. In dieser Zeit bekommt er eine glänzende Oberfläche und löst sich von der Schüssel ab. Danach weiter von Hand durchkneten und, wenn nötig, noch Mehl hinzufügen, bis der Teig nicht mehr an den Händen kleben bleibt und sich gut von der Schüssel löst. Die Schüssel mit einem angefeuchteten Küchentuch abdecken und den Teig an einem zugfreien, warmen Ort so lange gehen lassen, bis er sich mindestens verdoppelt hat. Das dauert ca. 45 Minuten. (3) Nochmals kurz durchkneten und anschließend den Teig in 2 Teile teilen. In zwei Kastenformen geben und noch einmal abgedeckt 45 Minuten lang gehen lassen. Nach 30 Minuten den Backofen auf 180 °C Ober- und Unterhitze vorheizen. (4) Die beiden Brote in gut 45 Minuten goldgelb backen. Aus der Form nehmen, abkühlen lassen und einen, besser zwei Tage antrocknen lassen. In Scheiben schneiden und nochmals bei 160 °C Ober- und Unterhitze gut 30 Minuten lang im Backofen backen. Dabei darauf achten, den Zwieback nicht zu braun werden zu lassen. Der Zwieback hält sich mehrere Wochen in einer geschlossenen Dose, schmeckt aber frisch am besten.

Tipp: Wenn Sie den Zwieback etwas süßer mögen, kann beim zweiten Backvorgang auch etwas Zucker auf die Oberfläche des Zwiebacks gestreut werden, der beim Backen leicht karamellisiert.

Register

Bild- und Rezeptnachweis

Rezepte, Konzeption, Fotografie und Gestaltung: Markus Wagner. Unterstützt wurde ich dabei von meiner Frau Nikoline Wagner und meiner Lektorin Christina Fehling, die mich auch in Dekorationsfragen beraten haben.

Über den Autor

Markus Wagner hat an der Staatlichen Akademie der Bildenden Künste Freie Grafik und Grafik-Design studiert und betreibt mit Florian Ossenbrunner zusammen das Gestaltungsbüro ossenbrunner wagner gestaltung in Stuttgart.

Er kocht mit Freude und immer neuen Ideen seit mehr als 30 Jahren. Seit 2003 ist er Mitglied bei Slow Food Deutschland und findet eine Küche mit saisonalen und regionalen Zutaten gut. Einkauf, Zubereitung des Essens und der gemeinsame Genuss am Tisch sind für ihn Höhepunkte des Tages.

Danksagung

Danken möchte ich meiner Mutter, die mir vor vielen Jahren Zugang zur Welt des Kochens und Backens verschafft hat und mir das Kochbuch von Luise Haarer geschenkt hat, das sehr viele grundlegende Kochfragen klärt und Lust auf mehr macht. Dank geht auch an meine Frau, den Bewohnern unseres Wohnhauses in Stuttgart und meinen Kollegen auf unserer Büroetage, die klaglos alle Backexperimente weggegessen haben und durch ihre kulinarische Kritik zur Verbesserung der Rezepte beitrugen.

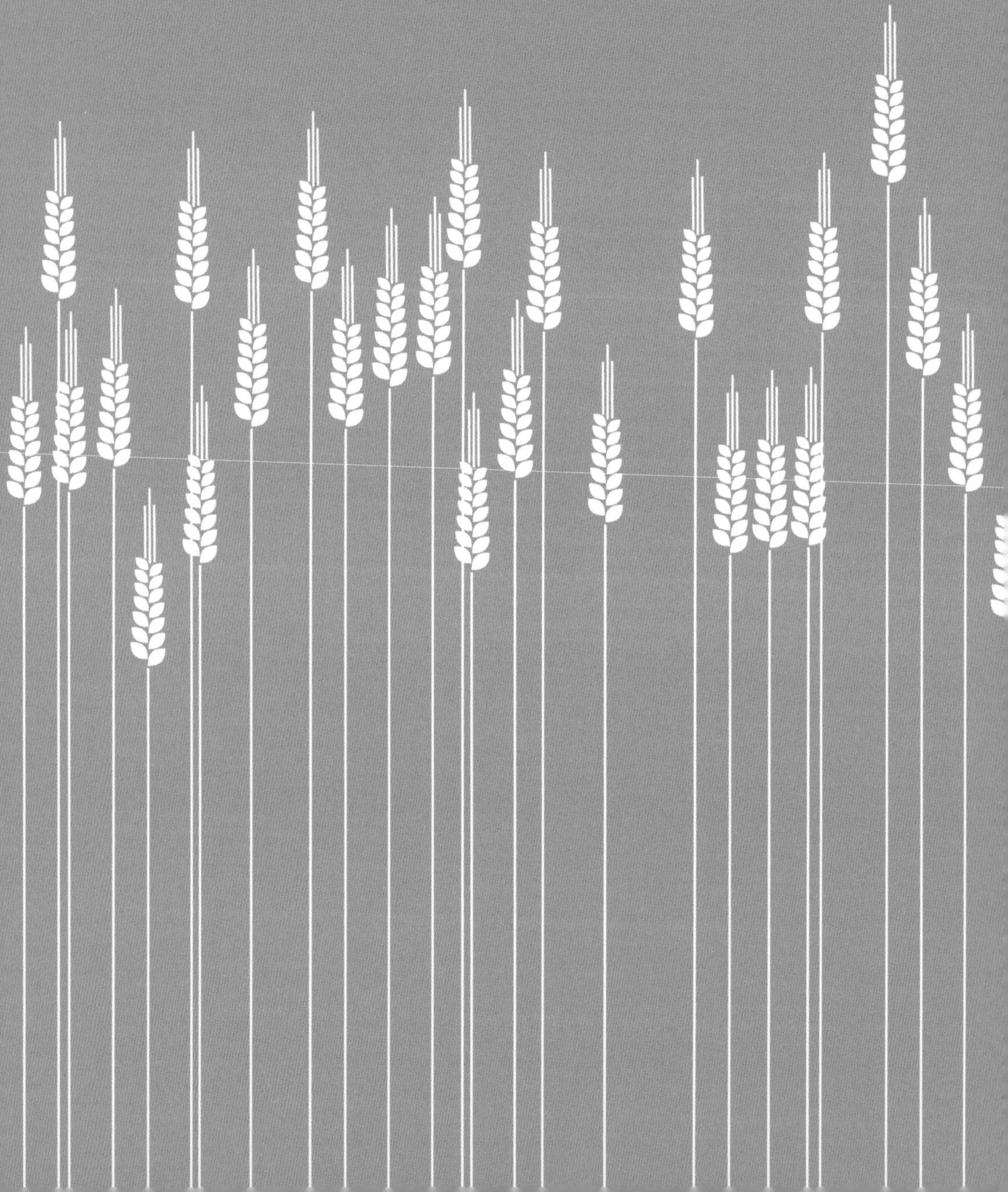